U0673649

与党员干部谈数字经济

——数字经济36问36答

曹 立 刘西友 编著

人民出版社

目　录

前　言

　　数字经济是全球未来的发展方向，世界经济加速向以信息技术为支撑的数字经济活动转变。当今世界，世界多极化、经济全球化、社会信息化、文化多样化深入发展，各个国家和地区之间相互关联、相互依存程度之深前所未有。互联网格局交替更新，消费互联正蓬勃兴起，产业互联已悄然来临。随着科技革命和产业变革日新月异，数字经济的崭新发展深刻改变着人类生产生活方式，对各国经济社会发展、全球治理体系、人类文明进程影响深远。数据是新的生产要素，建立在互联网和数据要素基础上的数字经济，更是创新经济、开放经济和代表未来的新经济。数字经济是指以使用数字化的知识和信息作为关键生产要素、以现代信息网络作为重要载体、以信息通信技术的有效使用作为效率提升和经济结构优化的重要推动力的一系列经济活动。数字经济正在改变人类的工作生活模式，不但孕育新的消费观念和模式，同时催生新的生产方式，推动全球产业整合升级，不但改变国际分工和发展合作关系，进而分化

1

与重组世界经济。数字经济发展速度之快、辐射范围之广、影响程度之深前所未有，正推动生产方式、生活方式和治理方式深刻变革，成为重组全球要素资源、重塑全球经济结构、改变全球竞争格局的关键力量。

党的二十大指出，我国互联网上网人数达 10.3 亿人。2018 年，我国数字经济规模达 31.3 万亿元，占国内生产总值的 34.8%；2019 年，我国数字经济规模达到 35.8 万亿元，占国内生产总值的 36.2%，同比提升了 1.4 个百分点；2020 年，我国数字经济规模达到 39.2 万亿元，占 GDP 比重达 38.6%；2021 年，我国数字经济规模已突破 40 万亿元。实现数字经济高质量发展，具有战略性、系统性、长期性和艰巨性，同时也面临诸多有利条件，经济结构持续优化，中等收入群体扩大，

无人机在深圳提供城市末端三公里配送服务

科技创新进入活跃期，全面深化改革不断推进，生产经营深度嵌入全球价值链等。当前，我国网络购物、移动支付、共享经济等数字经济新业态新模式蓬勃发展，走在了世界前列。新冠肺炎疫情暴发以来，数字技术、数字经济在支持抗击新冠肺炎疫情、恢复生产生活方面发挥了重要作用。我国线上经济全球领先，在这次疫情防控中发挥了积极作用，线上办公、线上购物、线上教育、线上医疗蓬勃发展并同线下经济深度交融。

2000 年，时任福建省省长的习近平同志就以极大的胆识和魄力在全国率先提出建设"数字福建"，开启了福建的数字化转型。2003 年，时任浙江省委书记的习近平同志高瞻远瞩地作出建设"数字浙江"的战略决策，推动浙江数字经济快速发展。党的十八大以来，习近平总书记站在统筹中华民族伟大复兴战略全局和世界百年未有之大变局的高度，统筹国内国际两个大局、发展安全两件大事，深刻把握新一轮科技革命和产业变革发展趋势和规律，以对新一轮科技革命和产业变革的高度敏锐性和深刻洞察力，多次强调要发展数字经济，并发表一系列重要论述、阐明一系列创新观点、作出一系列战略部署。2013 年 9 月，中央政治局第九次集体学习的"课堂"搬到了中关村。习近平总书记考察增材制造、云计算、大数据等技术研发和应用情况后指出，当前，从全球范围看，科学技术越来越成为推动经济社会发展的主要力量，创新驱动是大势所趋。新一轮科技革命和产业变革正在孕育兴起，一些重要科学问题和关键核心技术已经呈现出革命性突破的先兆，带动了关键技术交叉融合、群体跃进，变革突破的能量正在不断积累。即将出现的新一轮科技革命和产业变革与我国加快转变经济发展方式形成历史性交汇，为我们实施创新驱动发展战略提供了难得的重大机遇。2016年9月，习近平主席在二十国集团领导人杭州峰会上提出，我们已经就《二十国集团创新增长蓝图》达成共识，一致决定通过创新、结构性改革、新工业革命、数字经济等新方式，为世界经济开辟新道路，拓展新边界。在这次会议上，总书记首次提出发展数字经济的倡议，推动制定《二十国集团数字经济发展与合作倡议》，为世界经济注入了新动力。这些重要论述、创新观点和战略部署作为面向未来我国数字经济发展的顶层设计和科学指引，正推动我国数字经济高质量发展迈出新步伐，为数字经济更好服务和融入新发展格局、推进我国社会主义现代化建设提供根本遵循和行动指南。习近平总书记以马克思主义政治家的深刻洞察力，科学回答了为什么要发展数字经济、怎样发展数字经济等重大问题，指引我国数字经济发展取得显著成就。

党的十九大制定了新时代中国特色社会主义的行动纲领和发展蓝图，提出要建设网络强国、数字中国、智慧社会，推动互联网、大数据、人工智能和实体经济深度融合，发展数字经济、共享经济，培育新增长点、形成新动能。党的二十大提出加快建设网络强国、数字中国，强调加快发展数字经济，促进数字经济和实体经济深度融合，打造具有国际竞争力的数字产业集群，并要求构建新一代信息技术、人工智能等新的增长引擎，加快发展物联网，打造智慧城市，实施国家文化数字化战略，强化网络、数据等安全保障体系建设，研究掌握信息化智能化战争特点规律。数字经济代表着新的生产力和新的发展方向，为中华民族带来了千载难逢的机遇。数字经济健康发展有利于推动构建新发展格局，数字技术、数字经济可以推动各类资源要素快捷流动、各类市场主体加速融合，帮助市场主体重构组织模式，实现跨界发展，打破时空限制，延伸产业链条，畅通国内外经济循环；数字经济健康发展有利于推动建设现代化经济体系，数字经济具有高创新性、强渗透性、广覆盖性，不仅是新的经济增长点，而且是改造提升传统产业的支点，可以成为构建现代化经济体系的重要引擎；数字经济健康发展有利于推动构筑国家竞争新优势，当今时代，数字技术、数字经济是世界科技革命和产业变革的先机，是新一轮国际竞争重点领域。发展数字经济是把握新一轮科技革命和产业变革新机遇的战略选择。抓住数字经济发展的时代先机，抢占未来发展制高点，中国就能从跟跑走向领跑、从追赶时代走向引领时代。只有高瞻远瞩、系统思考，才能为我国数字经济发展擘画光明前景、注入强大动力，才能抓住先机、抢占未来数字经济发展制高点。

我国数字经济发展进入了快车道。数字技术正以新理念、新业态、新模式全面融入经济、政治、文化、社会、生态文明建设各领域和全过程，给生产生活带来广泛而深刻的影响。新时代顺应信息化、数字化、网络化、智能化发展趋势，加快数字经济发展、激发数字经济活力、增强数字政府效能、优化数字营商环境、释放数字经济潜力、构建数字合作格局、筑牢数字安全屏障，要求有关部门和地方完善数字经济制度体系，做好我国数字经济发展顶层设计和体制机制建设，要求专家学者和行业人士思考涉及数字技术和数字经济发展的问题并提出对策建议，要求各级领导干部加强数字经济发展的理论研究，提高数字经济思维能力和专业素质，增强发展数字经济本领，强化安全意识，推动数字经济更好服务和融入新发展格局。

以中国式现代化全面推进中国民族伟大复兴的历史进程中，数字经济必将发挥重要作用。为了使党员干部更好地了解数字经济，把握换道超车的宝贵机遇，真正发挥好数字经济在高质量发展中的助推力，我们以问答形式介绍数字经济的相关知识和发展现状。具体包括：重要意义、实践进程、政策体系、薄弱环节、国际做法、措施路径以及新型基础设施等内容。

第一篇

做强做优做大数字经济的
实践基础和独特优势

近年来，我国 5G 移动通信技术、设备及应用创新全球领先。新场景、新模式、新业态不断涌现，推动数字经济呈现出蓬勃活力和强劲韧性。数字产业化、产业数字化步伐加快，为经济社会持续健康发展提供了动力和潜力。2014 年 11 月，习近平总书记在致首届世界互联网大会的贺词中指出，当今时代，以信息技术为核心的新一轮科技革命正在孕育兴起，互联网日益成为创新驱动发展的先导力量，深刻改变着人们的生产生活，有力推动着社会发展。2021 年 10 月，习近平总书记在十九届中央政治局第三十四次集体学习时强调，近年来，互联网、大数据、云计算、人工智能、区块链等技术加速创新，日益融入经济社会发展各领域全过程，数字经济发展速度之快、辐射范围之广、影响程度之深前所未有，正在成为重组全球要素资源、重塑全球经济结构、改变全球竞争格局的关键力量。

$①$

怎样认识新时代发展数字经济的重要意义？

党的十八大以来，我国数字经济在赋能实体经济转型、推动创新突破、助力抗击新冠肺炎疫情等方面成效显著，对经济社会健康发展的引领带动作用日益凸显。推动数字经济实现高质量发展，是适应新时代经济发展新变化的必然要求，是经济发展阶段性特征的必然反映。清醒观察、准确把握社会主要矛盾及其转化，才能有效促进社会主要矛盾的解决。我国的社会主要矛盾，已经由上世纪 80 年代提出的人民日益增长的物质文化需要同落后的社会生产之间的矛盾，转化为人民日益增长的美好生活需要和不平衡不充分的发展之间的矛盾。伴随着社会主要矛盾的变化，经济发展进入了新常态，原先支撑经济高速增长的条件已不具备，亟须从数量追赶转向质量追赶，从规模扩张转向结构升级，从要素驱动转向创新驱动。信息技术对经济产生的高创新性、高带动性、高渗透性和高倍增性，是实现经济高质量发展的持久动力。数字经济增强了信息有效性，减少了管理层级，降低了管理费用，提升了产出效率；新兴技术与传统经济融合，有利于精准匹配供给和需求、降低交易成本；互联网等技术基于其自身衍生的计算、连通、规划等能力，推动传统产业转型升级和新动能培育，促进制造业和服务业向高端发展。数字经济借助颠覆性创新，催生新产品、新服务、新业态，发挥平台经济、分享经济、开源经济和零工经济等新模式的优势，实现资源的优化配置。在经济高质量发展阶段，在数字经济领域完善价格机制，努力形成更为公开透明的市场环境，实现高质量的供给、需求、要素配置、投入产出、收入分配和经济循环，成为解决社会主要矛盾的"牛鼻子"。

推动数字经济实现高质量发展，是自觉践行新发展理念的集中体现，为当前和今后一个时期谋划经济工作提供了基本遵循。我国正处于实现中华民族伟大复兴关键时期，新发展理念是关系我国发展全局的一场深刻变革，深刻揭示了高质量发展的必由之路，为全党在发展问题上提供了管全局、管根本、管长远的科学指引。数字经济既是创新的结果，也是创新的新动力和新起点；数字经济推动城乡、区域缩小发展差距，是协调发展的重要引擎；数字经济有力支撑绿色生产、绿色消费、绿色政务等，是引领绿色发展的新路径；数字经济具有开放性，加快数字经济发展是扩大开放的必然要求；数字经济具有收入分配效应，影响人民群众对经济发展成果的共享程度。推动数字经济高质量发展是一项长期、艰巨的历史性任务和系统性工程。针对数字经济发展质量和效益还不够高、核心创新能力还不够强、城乡区域之间的发展差距依然较大、数据开放和共享程度仍然较低、数字经济相关政策法规滞后、网络安全治理力度较低等问题，要学懂弄通并贯彻好新发展理念，把握好数字经济高质量发展的工作主线、基本路径、着力点和制度保障，保障经济平稳健康可持续发展。数字技术、数字经济可以推动各类资源要素快捷流动、各类市场主体加速融合，畅通国内外经济循环。

推动数字经济实现高质量发展，奠定国家治理体系和治理能力现代化的物质基础，事关第二个百年奋斗目标的顺利实现。我国改革开放 40 多年来，坚持全国一盘棋，秉承不断解放和发展社会生产力、集中力量办大事等显著优势，把社会主义制度和市场经济有机结合起来，以开放促改革、促发展、促创新，极大激发了全社会的积极性，不断解放和发展生产力，经济快速发展奇迹世所罕见，国家治理体系和治理能力现代化水平明显提高。经济运行韧性强、潜力大，经济发展取得的历史性成就和变革，为实现数字经济高质量发展奠定了坚实基础。经济系统随着技术进步而不断调适和重构。数字经济高质量发展是新时代建成数字强国的物质基础，推动了政府、社会、市场互动协同以及体制、机制、政策耦合融合，为坚持和完善中国特色社会主义制度、推进国家治理体系和治理能力现代化提供了有力保障。我国市场规模和需求扩张空间巨大，产业体系完备，新动能快速成长，长期向好的条件好、基础牢、潜力大。我国数字经济发展拥有市场规模优势、弯道超车优势和政策制度优势，具有巨大的增长空间和回旋余地，支撑数字经济高质量发展的生产要素条件没有改变。提升发展信心、保持战略定力，发挥中国特色社会主义经济制度的优势，推动数字经济始终在高质量发展轨道上行稳致远，才能有效应对百年未有之大变局，顺利实现第二个百年奋斗目标。

推动数字经济实现高质量发展，是构建人类命运共同体的必然选择，具有全球影响和世界意义。数字经济是全球经济复苏和增长的重要驱动力量，已成为推动全球或区域一体化的新机制。2008 年国际金融危机以后，主要经济体增速普遍回落，全球负债急剧增加，经济协调难度加大，中美、美欧、韩日贸易摩擦频发，国际投资协定和规则日益碎片化导致跨境资本流动规模萎缩，全球民粹主义、单边主义和贸易保护主义日益抬头，周期不同步、政策不协调增加了全球经济的不确定性和脆弱性，投资和生产率增长缓慢抵消了技术和创新对经济增长的作用，全球经济的运行效率进一步降低。全球主要发达国家均把发展数字经济视为刺激经济复苏、应对金融危机的重要措施，更成为我国强链稳链的重要支撑。资本的扩张推动和加快了全球市场的有效开拓，世界的不可分割和人类前途命运的休戚相关，为数字经济的前期演化奠定了物质基础和动力前提。互联网等新兴技术进一步突破了传统的国家、地区的界限，整个世界经济由互联网连通成了一个村落。数字经济推动人们逐渐摆脱农业经济、工业经济时代的时空限制，进一步密切了人与物、人与人、物与物之间的互动和联系，进而推动生产方式产生巨大变革。长远看，发展中国家利用数字经济中的边际报酬递增、成本递减的后发优势，有望缩小与发达国家的数字鸿沟。在大发展、大变革、大调整时期，中国的巨大变化及其经验做法受人瞩目，中国的前途同世界的前途紧密相连。发展高质量的数字经济是构建人类命运共同体的根本、有效之策。我国数字经济的蓬勃发展，为各国企业和创业者提供了广阔市场空间。数字丝绸之路等数字经济的高质量发展，是数字经济全球化的体现，事关我国能否引领产业变革和科技变革潮流、赢得国际竞争的主动。目前，美国和中国的数字经济规模分居世界第一和第二位。未来中美之间的竞争涉及核心技术和制造业水平等多个方面，均与两国数字经济领域的竞争密切相关。"数字金砖"概念、金砖国家信息通信技术共同发展纲领与行动计划、金砖国家技能发展国际联盟规划等，这些都是我国在数字经济领域向世界贡献的中国智慧、方案和镜鉴，这些举措为构建人类命运共同体、参与全球治理体系变革和建设提供了基石和保障。

2

近年来我国数字经济发展取得哪些主要成效?

党的十八大以来,党中央高度重视发展数字经济,实施网络强国战略和国家大数据战略,拓展网络经济空间,支持基于互联网的各类创新,推动互联网、大数据、人工智能和实体经济深度融合,建设数字中国、智慧社会,推进数字产业化和产业数字化,打造具有国际竞争力的数字产业集群,我国数字经济发展较快、成就显著。"十三五"时期,我国深入实施数字经济发展战略,不断完善数字基础设施,加快培育新业态新模式,推进数字产业化和产业数字化取得积极成效。2020 年,我国数字经济核心产业增加值占国内生产总值(GDP)比重达到 7.8%,数字经济为经济社会持续健康发展提供了强大动力。"十四五"时期,随着网络强国、数字中国、智慧社会建设的持续推进,以数据为新生产要素的数字经济蓬勃发展。数字经济正在推动生产方式、生活方式和治理方式发生深刻变革,其未来图景必将更加波澜壮阔。2019 年 10 月,习近平总书记在致 2019 中国国际数字经济博览会的贺信中指出,中国高度重视发展数字经济,在创新、协调、绿色、开放、共享的新发展理念指引下,中国正积极推进数字产业化、产业数字化,引导数字经济和实体经济深度融合,推动经济高质量发展。

一、信息基础设施建设卓有成效

建成全球规模最大的光纤和第四代移动通信（4G）网络，第五代移动通信（5G）网络建设和应用加速推进。宽带用户普及率明显提高，互联网协议第六版（IPv6）活跃用户数达到4.6亿。

全球领先的信息基础设施为数字经济发展打下坚实基础。我国建成了全球规模最大的光纤网络、4G网络、5G独立组网网络，光网城市全面建成。智能化成为未来整个信息技术产业的核心，以人工智能为核心的第四次产业革命已经开启。人工智能技术的应用正提升各行业运转效率，为经济发展注入新动力，对生产力和产业结构产生深远影响。云计算作为数字化转

长三角量子科技产业创新中心

型的"底座",正重构数字基础设施,在技术、架构、安全等方面产生新机遇。我国不断加大在人工智能发展与应用方面的支持力度,提升人工智能基础研发和拓展应用领域。人工智能在追求技术创新的同时,更加注重工程化实践和可信安全,带动我国在人工智能领域的国际竞争力全方位增强。集成电路、软件等领域取得系列标志性成果。我国在半导体集成电路领域取得积极进展,虽然美国的垄断地位短期内难以撼动,但相对实力正朝有利于我国的方向发展。

物联网技术通过传感器、射频设备技术、全球定位系统、红外感应器、激光扫描等各种传感设备,采集声、光、热、电、力学、化学、生物、位置等各种信息,并与互联网、无线专网进行交互传输实时信息流,实现物与人、物与物的网络识别、连接、管理和控制。中国移动、中国联通、中国电信三大运营商积极发展物联网建设,强化物联网在教育、医疗、交通和环境监测等领域的应用。中国已建成全球最大的NB-IoT网络,海量广覆盖的低功耗连接条件已经初步具备,为应用规模化发展打下良好基础。"东数西算"工程于2022年初正式全面启动。贵州、甘肃、宁夏等8地启动建设国家算力枢纽节点,这些算力建设将有效激发数据要素创新活力,提高资源配置效率,加速数字产业化和产业数字化进程,有力支撑经济高质量发展。区块链技术正加快进入大规模商业化应用阶段,在智慧城市、数字政务、数字货币、供应链、社会公共服务等领域应用广泛。比如,在新型智慧城市领域,区块链技术可用来探索实现信息基础设备间数据信息的高效交换，提升信息基础设施协同能力。

二、产业数字化转型稳步推进

大数据、人工智能、5G 等新技术与各产业深入融合。产业数字化成为数字经济增长的主引擎，是全球数字经济发展的主导力量。一国的经济发展水平越高，其产业数字化占比越高。根据中国信息通信研究院测算，从 2020 年至 2025 年，5G 技术将带动我国数字经济增长 15.2 万亿元，其中，由 5G 技术带动的信息产业增加值为 3.3 万亿元，通过 5G 技术带动其他产业增加值为 11.9 万亿元。当前，我国农业数字化全面推进，服务业数字化水平显著提高，工业数字化转型加速，工业企业生产设备数字化水平持续提升，更多企业迈上"云端"。比如，有的企业秉承"让工业充满智慧"的初心，自主研发用于建筑材料检验检测的智能设备，以一己之力带动了整个行业的数字化、智能化变革。数字化转型过程中，应用数据的智能优化和基于连接的高效协同共同发力，通过变革创新范式和优化产业资源配置方式，带来全要素生产率提升和经济价值增加。

随着互联网业务从生活消费领域向产业领域延伸，产业互联网和消费互联网融合，尤其是智能运营和个性化生产，正成为发展趋势。我国产业互联网有很大的发展潜力和市场空间，对借助数字技术提高生产经营效率的需求越来越强烈。数字经济情境下培育的智能生产和智造模式、网络化协同制造模式、个性化定制模式、服务型制造模式等，随着信息技术的持续创新而动态发展，众包制、分包制、外包制、项目制、合伙制等进一步丰富和重塑了数字经济的形态。新冠肺炎疫情倒逼传统产业加速数字化进程，促使传统企业对数字经济持更加开放的态度。从新冠肺炎疫苗的研发应用来看，大数据、人工智能与生物医药的融合创新，有利于降低研发成本、缩短研发周期、提高创新药物的研发成功率，从而实现对更多疾病的预警、控制和治愈。信息技术从多角度发力，助力新冠肺炎疫情防控。信息技术支撑了信息服务、疫情防控、科研检测、出货物流管理、物资供应捐赠等。在新冠肺炎疫情冲击下，与传统比较，数字经济展现出独特韧性和较大潜力。数字化转型更早、深度更深的企业，受到的冲击相对缓和，在稳定市场、维持消费、保障就业、提振经济等方面，有更大的回旋余地和空间。

三、新业态新模式竞相发展

数字技术与各行业（如工业互联网等新技术与制造业）加速融合。电子商务蓬勃发展，移动支付广泛普及，在线学习、远程会议、网络购物等生产生活新方式加速推广。在消费领域，"初美优选""邻圈圈""码上得"等去中心化的分布式团购商业模式，借助共享供应链资源、明确数据资产产权等优势，实现了多方共赢、互惠互利，正成为联结消费者和供应商的新型桥梁纽带。新冠肺炎疫情造成巨大损失，但也起到了"加速器""催化剂"作用，抗击疫情引发新一轮数字化高潮，线上问诊、直播教学、办公生活服务等，借助信息技术丰富了数字经济的生态圈，而且有效防止了企业倒闭和居民失业，有力支撑了复产复工和经济复苏。防控疫情期间，智能移动办公平台钉钉（Ding Talk）基于办公场景上线和优化员工健康打卡、企业复工平台、"无接触考勤"等全链路数字化解决方案，提升了企业的协调办公效率。信息技术为战"疫"提供了通信保障，健康码提高了信息摸排的工作成效，视频会议为疫情防控、在线招商签约、居家办公等提供了通讯保障，人工智能加速了新药和疫苗研发。其中，健康码系统推动公安、卫生健康等部门间以及中央地方间的数据互通共享，支撑了疫情防控和复工复产，也提升了公共服务水平。这些举措不仅助力防控疫情扩散，同时进一步加速了我国数字经济的发展。数字经济成为战"疫"成功的强大后盾。

随着移动 5G 和宽带网速的提升，互联网平台日益壮大，短视频等数字新营销，直播带货等数字新零售，智能家居等数字新场景，正推动数字经济和实体经济深入融合。5G、人工智能、云计算等数字科技，在 2022 年北京冬奥会上大放异彩。5G+8K 技术、"子弹时间"技术等数字媒体，已经成熟运用到了体育赛事领域。视觉分析技术等人工智能技术越来越多地参与到竞技体育当中。人工智能裁判与教练系统可提供训练评分、运动轨迹及角度、高远度分析，指出失分动作，科学提升比赛成绩，帮助运动员提升训练效率。我国的云计算市场虽然起步较晚，但增速高于全球市场。京东云不但提供智能城市数字化平台和政务数字化服务，而且为各类金融机构和中小微企业提供了数字化解决方案，助推市场主体实现数智化转型，成为产业、行业和商家效能提升的驱动者。2022年春晚期间，京东云依托云原生数字基础设施和混合多云操作系统云舰，秒级调度近300万个容器、超1000万核算力资源，以超高弹性成功应对了持续脉冲式流量高峰（京东APP红包累计互动量达691亿次）。在电子商务领域，2020年中国电子商务交易额达到37.21万亿元，全国非银行支付机构处理的网络支付业务量达到8272.97亿笔，金额约294.56万亿元。

四、数字经济为妇女就业带来了广阔前景

数字经济是全新的技术经济范式，其生产组织方式、商业模式与就业模式，与传统经济有很大不同，就业形态主要以平台为依托，常见的平台就业模式主要有工业互联网平台就业、信息内容平台就业、电商平台就业、劳务平台就业。这种平台就业形态在组织方式、就业边界等方面都区别于传统就业模式，突破了就业的空间和时间的束缚，具有容量大、门槛低、灵活性强等特征，如外卖骑手、在线医生、"到家老师"等，为人们创造更多的就业机会，进一步拓展了就业空间。数字经济的平台就业特点为女性带来更多的就业机会，有助于解决就业性别歧视和优化就业性别结构。数字经济激发各种新模式新业态，

产生更多适合妇女就业的新岗位，创造了大量灵活就业、居家就业的机会，为妇女就业创业提供了更多选择空间与发展机遇。

数字经济催生了大量灵活就业岗位，拓展了妇女就业的新空间。灵活就业的岗位主要集中在近些年兴起的主播、自媒体、配音以及电竞、电商、外卖员、服务员、网约车司机等这些新兴产业上。只要有网、有电脑随时随地都可以办公。以数字经济带动外卖行业快速兴起，由此催生网约配送员这一新职业为例，在2021年12月人力资源社会保障部组织制定的网约配送员等18个国家职业技能标准中，网约配送员的定义是：通过互联网平台等，从事接收、验视客户订单并根据订单需求，按照平台智能规划路线，在一定时间内将订单物品递送至指定地点的服务人员。据国家统计局公布的数据显示，截至2021年底，中国灵活就业人员已经达到2亿人，占就业总人口数的四分之一，数字技术通过灵活安排工作和算法匹配促成灵活就业。依托数字经济的自由职业、灵活就业和创业，越来越成为妇女的自主选择。

数字经济促进劳动市场供需双方精准匹配，降低了妇女就业创业的风险，激发创业创新的活力。一方面数字技术的发展克服了劳动力配置时所面临的信息不对称问题，降低了就业搜寻成本，劳动力市场供需双方的匹配效率提高，进一步增加了新的就业机会；另一方面，数字经济通过促进技术创新和社会分工深化来激活劳动力市场创业热情，有助于拓宽信息获取渠道，降低了创业风险，提高了创业成功率。数字经济显著降低欠发达地区妇女就业壁垒，其发展对农村妇女的增收效果非常显著，她们用辛勤和汗水拓宽了收入来源渠道，增强了获得感和独立性，收获了信心，实现了人生价值，所产生的积极效果，不但体现在经济效益上，更体现妇女的自信自立自强上。

数字经济凸显了"性别优势"，极大地带动了妇女参与数字经济发展的积极性，释放"性别红利"。女性温柔、细腻、善于沟通的特点，能够更好从事数字经济相关的工作。比如，利用抖音、快手等短视频直播媒介，妇女足不出户就可以向国内外展示承载非遗技艺、民族文化的特色产品。仅从农村地区看，由于能够突破时间和空间的束缚，越来越多的妇女希望深入融入到数字经济中来。2022 年 6 月发布的《金砖国家女性发展报告 2022》显示，妇女参与率的提高，可部分抵消人口老龄化导致的经济增速下降。

③

数字政府建设取得了哪些显著成效?

一体化政务服务和监管效能大幅度提升,"一网通办""最多跑一次""一网统管""一网协同"等服务管理新模式广泛普及,数字营商环境持续优化,在线政务服务水平跃居全球领先行列。

为了支持中小微企业降低数字化转型成本、缩短转型周期、提高转型成功率,共同营造公平健康的良性机制,2020年 5 月 13 日,国家发展改革委联合有关部门、国家数字经济创新发展试验区、媒体单位,以及互联网平台、行业龙头企业、金融机构、科研院所、行业协会等 145 家单位,共同发布《数字化转型伙伴行动倡议》。这项行动旨在推行普惠性"上云用数赋智"服务,培育数字经济新业态,所推出的 500 余项面向中小微企业的服务举措,提供从信息对接、开放资源、能力扶持、软硬件支持、供应链支撑、咨询服务、专业培训到平台基地建设、整体解决方案、针对性金融支持、生态搭建等全方位、全链条服务。这些措施针对解决中小微企业"不会转、不能转、不敢转"问题,搭平台、聚合力、优服务,共同构建"政府引导——平台赋能——龙头引领——机构支撑——多元服务"联动机制,有利于形成数字化生态共同体。

2022 年 6 月，国务院印发《关于加强数字政府建设的指导意见》，就主动顺应经济社会数字化转型趋势，充分释放数字化发展红利，全面开创数字政府建设新局面作出部署。该意见提出两阶段工作目标，到 2025 年，与政府治理能力现代化相适应的数字政府顶层设计更加完善、统筹协调机制更加健全，政府履职数字化、智能化水平显著提升，政府决策科学化、社会治理精准化、公共服务高效化取得重要进展，数字政府建设在服务党和国家重大战略、促进经济社会高质量发展、建设人民满意的服务型政府等方面发挥重要作用。到 2035 年，与国家治理体系和治理能力现代化相适应的数字政府体系框架更加成熟完备，整体协同、敏捷高效、智能精准、开放透明、公平普惠的数字政府基本建成，为基本实现社会主义现代化提供有力支撑。该意见明确了数字政府建设的七方面重点任务。在构建协同高效的政府数字化履职能力体系方面，通过全面推进政府履职和政务运行数字化转型，强化经济运行大数据监测分析，大力推行智慧监管，积极推动数字化治理模式创新，持续优化利企便民数字化服务，强化生态环境动态感知和立体防控，加快推进数字机关建设，推进政务公开平台智能集约发展，创新行政管理和服务方式，全面提升政府履职效能。在构建数字政府全方位安全保障体系方面，强化安全管理责任，落实安全制度要求，提升安全保障能力，提高自主可控水平，筑牢数字政府建设安全防线。在构建科学规范的数字政府建设制度规则体系方面，以数字

化改革助力政府职能转变，创新数字政府建设管理机制，完
善法律法规制度，健全标准规范，开展试点示范，保障数字
政府建设和运行整体协同、智能高效、平稳有序。在构建开
放共享的数据资源体系方面，创新数据管理机制，深化数据
高效共享，促进数据有序开发利用，充分释放数据要素价值。
在构建智能集约的平台支撑体系方面，整合构建结构合理、
智能集约的平台支撑体系，强化政务云平台、网络平台及重
点共性应用支撑能力，全面夯实数字政府建设根基。在以数
字政府建设全面引领驱动数字化发展方面，通过持续增强数
字政府效能，更好激发数字经济活力，优化数字社会环境，
营造良好数字生态。在加强党对数字政府建设工作的领导方
面，加强党中央对数字政府建设工作的集中统一领导，健全
推进机制，提升数字素养，强化考核评估，把党的政治优势、
组织优势转化为数字政府建设的强大动力和坚强保障，确保
数字政府建设重大决策部署贯彻落实。

4

数字经济国际合作不断深化有哪些体现？

《二十国集团数字经济发展与合作倡议》等在全球赢得广泛共识，信息基础设施互联互通取得明显成效，"丝路电商"合作成果丰硕，我国数字经济领域平台企业加速出海，影响力和竞争力不断提升。

2020 年 9 月，我国在"抓住数字机遇，共谋合作发展"国际研讨会上提出《全球数据安全倡议》，呼吁各国秉持发展和安全并重的原则，平衡处理技术进步、经济发展与保护国家安全和社会公共利益的关系；各国应致力于维护开放、公正、非歧视性的营商环境，推动实现互利共赢、共同发展；各方应在相互尊重基础上，加强沟通交流，深化对话与合作，共同构建和平、安全、开放、合作、有序的网络空间命运共同体。为了在新发展格局下进一步深化国内改革和扩大高水平对外开放，加强与各成员的数字经济领域合作，促进创新和可持续发展，2021 年 11 月，我国向《数字经济伙伴关系协定》（DEPA）保存方新西兰正式提出申请加入 DEPA。《数字经济伙伴关系协定》作为全球数字经贸规则制定提供模板，涵盖了初步规定和一般定义、商业和贸易便利化、数字产品及相关问题的处理、数据问题、广泛的信任环境、商业和消费者信任、数字身份、新兴趋势和技术、创新与数字经济、中小企业合作、数字包容、联合委员会和联络点、透明度、争端解决、例外和最后条款等 16 个模块。

东盟与中日韩地理位置相近、文化趋同，近年来在"东盟 10+3"机制推动下，在数字基础设施以及数字经济领域，各国存在广泛的创新合作发展空间。2021 年 12 月，东盟和中日韩数字经济创新论坛在云南昆明召开。来自东盟 10 国和中国、日本、韩国的 300 余名嘉宾通过线上线下相结合的方式，围绕"创新·成就·未来"主题，就 5G 创新应用与实践、数字基础设施创新、数字经济应用创新等议题进行了经验分享。

2022 年 9 月，《上海合作组织成员国元首理事会撒马尔罕宣言》提出：成员国将继续加强数字经济领域合作，支持数字技术发展，注意到 2021 年 11 月 25 日在塔什干举行的上合组织成员国信息通信技术发展部门负责人首次会议成果并通过《〈上合组织成员国关于数字化和信息通信技术领域合作构想〉行动计划》。

⑤

我国发展数字经济有什么独特优势？

数字经济在我国的发展速度之快、辐射范围之广、影响程度之深前所未有。发展数字经济，我国在数据、基础设施和市场等多方面具有独特的体制优势和体量优势，人力资源广、技术底子好、市场潜力大的特点，也成为我国数字经济健康发展的起点和亮点。2014 年 2 月，习近平总书记主持召开中央网络安全和信息化领导小组第一次会议时强调，网络信息是跨国界流动的，信息流引领技术流、资金流、人才流，信息资源日益成为重要生产要素和社会财富，信息掌握的多寡成为国家软实力和竞争力的重要标志。

一、数据挖掘和数据开发的潜力巨大

全球各经济社会系统采集、处理、积累的数据增长迅猛，数据资源成为与自然资源、人力资源同等重要的战略资源。数据是数字时代的生产要素，为云计算、人工智能等创新发展奠定基础，而我国拥有海量的数据资源，数据挖掘和数据开发潜力巨大。谁拥有了数据，谁就掌握了发展的资源和主动权。我国网民数量突破 10 亿，位居全球第一，成为数字经济的强大需求支撑。

大数据应用价值日益显现，大数据产业市场规模持续增长。在产业互联时代，"大数据＋云计算"加速助推数据成为数字经济时代的"蒸汽"与"电力"，工业大数据发展和应用不断向全产业链渗透，大数据技术在生物医药、环境保护、科研教学、工程技术、国土安全等多领域都有深度运用前景，全球大数据市场和产业规模持续增长。当前，广东、江苏等地就数据要素市场培育开展积极探索，深圳、天津、贵州等地在数据立法、确权、交易等方面已经取得了有益进展。

二、数字经济发展具有强有力的基础设施支撑

从产业发展规律来看，任何一个产业的兴起都需要强大的基础设施支撑以及产业上下游配套，我国充分发挥制度优势，大力推进新型基础设施建设，构建"人—网—物"互联体系和泛在智能信息网络，这将为数字经济发展提供强有力的基础设施支撑。

我国大力推进网络强国建设，已经建成世界领先、全球最大的移动通信网络和光纤通信网络。5G技术是通信行业的新动力，对整个移动生态系统正产生巨大推动作用，对经济社会发展的影响巨大，已被多个国家推升为国家战略，在全球产生重要影响力。5G是人工智能、虚拟现实/增强现实、智能家居、智慧医疗、智慧城市、车联网、城市管理、环境监测、智能交通以及工业互联网等数字经济前沿技术的前置性技术，具有超高速、低时延、广链接等特点。5G正在重构城市信息基础设

施，带动相关设备制造快速兴起，引领互联网内容产业的深度变革，实现消费互联网向产业互联网的关键跨越，这些均有利于扩大内需，带动就业，拉动经济增长，有利于推动实体经济转型和经济高质量发展。同时，我国 IPv6 的普及也稳步推进。IPv6 传输速度更快，响应延迟更低，吞吐量更高。当前，我国 IPv6 保有量稳步提升，已居全球第一，应用前景广阔。同时，数据中心规模增长迅猛，对经济社会运行的支撑作用不断增强。为开展数据中心与网络、云计算、大数据之间的协同建设，推动更多数据中心向可再生能源更丰富的西部转移，促进解决东西部算力供需失衡问题，国家发展改革委、工业和信息化部等联合印发文件，同意在京津冀、长三角、粤港澳大湾区等 10 个国家数据中心集群。在这一全国一体化大数据中心体系布局中，8 个国家算力枢纽节点发挥算力网络的骨干连接点功能，作为国家"东数西算"工程的战略支点，推动算力资源有序向西转移。

三、数字经济发展的市场前景广阔

数字经济市场蕴含广阔的发展空间，我国数字经济发展的市场环境正在发生深刻变化。我国拥有统一而广阔的市场，有全球最大规模的中等收入群体，有全球最活跃的数字经济投资和创业生态系统。数字经济发展面临非常重要的市场机遇。庞大的国内市场与技术创新一起，共同成为我国数字经济在全球迅速崛起的重要驱动因素。在信息技术的推动下，经济活动正由实体空间延伸至无形、虚拟、纵横交错的网络世界，传统物理空间的概念被打破，导致数字经济在虚拟和现实间转换和更替，经济联系呈现共享、互动、共生趋势。互联网应用的日益普及，加快了市场化、规模化的应用创新。由于国内市场规模大，内部东南西北的区别能够部分抵消，交易成本能够不断降低，数字经济具有较强的韧性和耐性。我国已成为全球最大的网络零售、智能手机和移动支付市场，移动互联网摆脱了固定互联网的束缚，拓展了互联网应用场景，庞大的用户群体加速了数字经济发展进程。

信息、资本和物流三者，共同决定着数字经济语境下市场的边界。借助互联网等信息技术，市场信息超越时间和空间限制，实现实时互动和精准匹配，增加交易发生的可能性。海量数据和庞大市场优势为特定技术的商业化提供适宜的市场环境，不但有利于扩大需求规模，更有利于提升创新效率，进而有利于摆脱全球价值链的低端锁定，在全球范围内获得产业发展的领先优势。

第二篇

保障数字经济健康发展的
政策体系

　　党的十九大报告提出，推动互联网、大数据、人工智能和实体经济深度融合。2020 年 10 月，党的十九届五中全会指出，坚定不移建设数字中国，加快数字化发展。当前，《网络强国战略实施纲要》《数字经济发展战略纲要》《"十四五"数字经济发展规划》《电子商务法》《数据安全法》《个人信息保护法》等规划和立法共同组成了数字经济发展的基础政策体系。逐步形成的国家—省—市三级的数字经济发展规划布局和具体任务部署，对于网络系统、电子交易、数据要素、消费者权益等都有具体的要求和支撑，对于数字经济的可持续发展具有积极意义。

6

如何认识数字经济发展的政策体系？

2012 年，党的十八大提出实施创新驱动发展战略。2015 年，党的十八届五中全会将创新发展理念放在新发展理念的首位。2016 年，习近平总书记在全国科技创新大会、两院院士大会、中国科协第九次全国代表大会上，发出向世界科技强国进军的号召。2017 年，党的十九大明确建设世界科技强国"三步走"战略。2018 年，按照中央财经委员会第二次会议决策部署，抓紧研究制定国家中长期科技发展规划的有关准备工作。2019 年，党的十九届四中全会将完善科技创新体制机制作为坚持和完善基本经济制度的重要举措。2022 年，习近平总书记主持中共中央政治局会议时强调，推动平台经济规范健康持续发展，完成平台经济专项整改，对平台经济实施常态化监管，集中推出一批"绿灯"投资案例。围绕信息化和数字经济发展，近年我国密集出台系列政策文件，构建了涵盖顶层设计和具体措施的支持体系，标定了数字中国建设的时间表和路线图，明确了目标任务、实现路径、保障措施，凝聚了推动数字经济发展的强大合力。按照包容审慎的治理原则，政策、法律、监管三位一体的治理框架正在构建，政府主导，平台、消费者等主体共同参与的多元协同治理体系正在形成。

一、法律和行政法规

随着数字经济的发展，尤其是大数据的广泛应用，数据、网络虚拟财产的经济价值和社会价值日益凸显。我国民法典赋予了数据和网络虚拟财产民事权利客体的地位，2020年5月，第十三届全国人民代表大会第三次会议通过的《中华人民共和国民法典》第一百二十七条规定："法律对数据、网络虚拟财产的保护有规定的，依照其规定。"这一规定为均衡兼顾相关权利人的合法权益和有效利用两类财产提供了制度基础。

2019年1月1日，电商领域首部综合性法律《中华人民共和国电子商务法》正式实施，提出鼓励电子商务数据开发应

2020年10月，国家级5G车联网城市级验证与应用项目仪式启动

用、保护电子商务数据、保障电子商务数据依法有序自由流动等。基本法律、司法解释、部门规章、行政法规等对数据安全、个人隐私保护等作出严格规定。没有数据安全就没有国家安全。在数据安全已成为事关国家安全与经济社会发展重大问题的大背景下，自 2021 年 9 月 1 日起施行的《中华人民共和国数据安全法》为数据利用提供了可靠环境，在鼓励数据依法合理有效利用、保障数据依法有序自由流动的同时，确立了国家数据安全监管和执法范围。该法既是数据领域的基础法律，也是国家安全领域的重要法律，致力于解决数据安全领域突出问题，同时坚持包容审慎原则，鼓励和促进数据依法合理有效利用。2021 年 8 月 20 日，十三届全国人大常委会第三十次会议审议通过《中华人民共和国个人信息保护法》，并于 2021 年 11 月 1 日起开始施行。该法作为信息保护的基本法，是我国个人信息保护框架中重要的组成部分，明确了个人信息处理活动中的权利和义务边界，从适用范围、基本原则、处理规则等方面进行了全面规定。

2015 年 7 月，为加快推动互联网与创新创业、协同制造、现代农业、智慧能源、普惠金融、益民服务、高效物流、电子商务、便捷交通、绿色生态、人工智能等领域深入融合和创新发展，国务院印发《关于积极推进"互联网+"行动的指导意见》。该意见提出到 2025 年，网络化、智能化、服务化、协同化的"互联网+"产业生态体系基本完善，"互联网+"新经济形态初步形成，"互联网+"成为经济社会创新发展的重要驱动力量。

为此，该意见部署了十一项重点行动："互联网+"创业创新；"互联网+"协同制造；"互联网+"现代农业；"互联网+"智慧能源；"互联网+"普惠金融；"互联网+"益民服务；"互联网+"高效物流；"互联网+"电子商务；"互联网+"便捷交通；"互联网+"绿色生态；"互联网+"人工智能。

2015年9月，为解决政府数据开放共享不足、产业基础薄弱、缺乏顶层设计和统筹规划、法律法规建设滞后、创新应用领域不广等问题，全面推进我国大数据发展和应用，加快建设数据强国，国务院印发《促进大数据发展行动纲要》。该纲要部署三方面主要任务。一要加快政府数据开放共享，推动资源整合，提升治理能力。大力推动政府部门数据共享，稳步推动公共数据资源开放，统筹规划大数据基础设施建设，支持宏观调控科学化，推动政府治理精准化，推进商事服务便捷化，促进安全保障高效化，加快民生服务普惠化。二要推动产业创新发展，培育新兴业态，助力经济转型。发展大数据在工业、新兴产业、农业农村等行业领域应用，推动大数据发展与科研创新有机结合，推进基础研究和核心技术攻关，形成大数据产品体系，完善大数据产业链。三要强化安全保障，提高管理水平，促进健康发展。健全大数据安全保障体系，强化安全支撑。纲要还明确七方面政策机制。一是建立国家大数据发展和应用统筹协调机制。二是加快法规制度建设，积极研究数据开放、保护等方面制度。三是健全市场发展机制，鼓励政府与企业、社会机构开展合作。四是建立标准规范体系，积极参与相关国际标准制定工作。五是加大财政金融支持，推动建设一批国际领先的重大示范工程。六是加强专业人才培养，建立健全多层次、多类型的大数据人才培养体系。七是促进国际交流合作，建立完善国际合作机制。系统部署大数据发展工作。

2017 年 7 月，国务院印发《新一代人工智能发展规划》，提出了面向 2030 年我国新一代人工智能发展的指导思想、战略目标、重点任务和保障措施，部署构筑我国人工智能发展的先发优势，加快建设创新型国家和世界科技强国。这一规划以加快人工智能与经济、社会、国防深度融合为主线，以提升新一代人工智能科技创新能力为主攻方向，明确了我国新一代人工智能发展的战略目标：到 2020 年，人工智能总体技术和应用与世界先进水平同步，人工智能产业成为新的重要经济增长点，人工智能技术应用成为改善民生的新途径；到 2025 年，人工智能基础理论实现重大突破，部分技术与应用达到世界领先水平，人工智能成为我国产业升级和经济转型的主要动力，智能社会建设取得积极进展；到 2030 年，人工智能理论、技术与应用总体达到世界领先水平，成为世界主要人工智能创新中心。

2017 年 11 月，国务院印发《关于深化"互联网＋先进制造业"发展工业互联网的指导意见》，着眼全球工业互联网发展共性需求和我国急需弥补的主要短板，聚焦绿色制造和智能制造，将网络、平台、安全以及融合应用推广作为重点工作推进。该意见提出三个阶段发展目标：到 2025 年，覆盖各地区、各行业的工业互联网网络基础设施基本建成，工业互联网标识解析体系不断健全并规模化推广，基本形成具备国际竞争力的基础设施和产业体系；到 2035 年，建成国际领先的工业互联网网络基础设施和平台，工业互联网全面深度应用并在优势行业形成创新引领能力，重点领域实现国际领先；到本世纪中叶，工业互联网创新发展能力、技术产业体系以及融合应用等全面达到国际先进水平，综合实力进入世界前列。意见还明确了建设和发展工业互联网的主要任务：一是夯实网络基础，推动网络改造升级提速降费，推进标识解析体系建设。二是打造平台体系，通过分类施策、同步推进、动态调整，形成多层次、系统化的平台发展体系，提升平台运营能力。三是加强产业支撑，加大关键共性技术攻关力度，加快建立统一、综合、开放的工业互联网标准体系，提升产品与解决方案供给能力。四是促进融合应用，提升大型企业工业互联网创新和应用水平，加快中小企业工业互联网应用普及。五是完善生态体系，建设工业互联网创新中心，有效整合高校、科研院所、企业创新资源，开展工业互联网产学研协同创新，构建企业协同发展体系，形成中央地方联动、区域互补的协同发展机制。六是提升安全防护能力，建立数据安全保护体系，推动安全技术手段建设。七是推动开放合作，鼓励国内外企业跨领域、全产业链紧密协作。该意见还部署了 7 项重点工程：工业互联网基础设施升级改造工程，工业互联网平台建设及推广工程，标准研制及试验验证工程，关键技术产业化工程，工业互联网集成创新应用工程，区域创新示范建设工程，安全保障能力提升工程。

2020年4月，中共中央、国务院发布《关于构建更加完善的要素市场化配置体制机制的意见》，提出推进政府数据开放共享、提升社会数据资源价值、加强数据资源整合和安全保护等加快培育数据要素市场的创新举措。一是推进政府数据开放共享。优化经济治理基础数据库，加快推动各地区各部门间数据共享交换，制定出台新一批数据共享责任清单。研究建立促进企业登记、交通运输、气象等公共数据开放和数据资源有效流动的制度规范。二是提升社会数据资源价值。培育数字经济新产业、新业态和新模式，支持构建农业、工业、交通、教育、安防、城市管理、公共资源交易等领域规范化数据开发利用的场景。发挥行业协会商会作用，推动人工智能、可穿戴设备、车联网、物联网等领域数据采集标准化。三是加强数据资源整合和安全保护。探索建立统一规范的数据管理制度，提高数据质量和规范性，丰富数据产品。研究根据数据性质完善产权性质。制定数据隐私保护制度和安全审查制度。推动完善适用于大数据环境下的数据分类分级安全保护制度，加强对政务数据、企业商业秘密和个人数据的保护。

2020年5月，中共中央、国务院印发《关于新时代加快完善社会主义市场经济体制的意见》，强调要加快培育发展数据要素市场，建立数据资源清单管理机制，完善数据权属界定、开放共享、交易流通等标准和措施，发挥社会数据资源价值。

推进数字政府建设，加强数据有序共享，依法保护个人信息。

集成电路产业和软件产业是信息产业的核心，是引领新一轮科技革命和产业变革的关键力量。《国务院关于印发鼓励软件产业和集成电路产业发展若干政策的通知》（国发〔2000〕18号）、《国务院关于印发进一步鼓励软件产业和集成电路产业发展若干政策的通知》（国发〔2011〕4号）印发后，我国集成电路产业和软件产业快速发展，有力支撑了国家信息化建设，促进了国民经济和社会持续健康发展。为进一步优化集成电路产业和软件产业发展环境，深化产业国际合作，提升产业创新能力和发展质量，2020年7月，国务院印发《新时期促进集成电路产业和软件产业高质量发展的若干政策》（以下简称《若干政策》）。《若干政策》提出，为进一步优化集成电路产业和软件产业发展环境，深化产业国际合作，提升产业创新能力和发展质量，制定出台财税、投融资、研究开发、进出口、人才、知识产权、市场应用、国际合作等八个方面政策措施。进一步创新体制机制，鼓励集成电路产业和软件产业发展，大力培育集成电路领域和软件领域企业。加强集成电路和软件专业建设，加快推进集成电路一级学科设置，支持产教融合发展。严格落实知识产权保护制度，加大集成电路和软件知识产权侵权违法行为惩治力度。推动产业集聚发展，规范产业市场秩序，积极开展国际合作。《若干政策》明确，凡在中国境内设立的集成电路企业和软件企业，不分所有制性质，均可按规定享受相关政策。鼓励和倡导集成电路产业和软件产业全球合作，积极为各类市场主体在华投资兴业营造市场化、法治化、国际化的营商环境。

2022 年 3 月，中共中央、国务院印发《关于加快建设全国统一大市场的意见》，提出打造统一的要素和资源市场，加快培育数据要素市场，建立健全数据安全、权利保护、跨境传输管理、交易流通、开放共享、安全认证等基础制度和标准规范，深入开展数据资源调查，推动数据资源开发利用。

2022 年 6 月，十三届全国人大常委会第三十五次会议表决通过关于修改反垄断法的决定，自 2022 年 8 月 1 日起施行。新法引入数字平台反垄断专条，将数据和算法纳入平台反垄断的考量因素；首次引入公平竞争审查制度，制定和实施与社会主义市场经济相适应的竞争规则。

二、部门规章和文件

2015 年 7 月，为充分运用大数据先进理念、技术和资源，加强对市场主体的服务和监管，推进简政放权和政府职能转变，提高政府治理能力，国务院办公厅印发《关于运用大数据加强对市场主体服务和监管的若干意见》。该意见提出四项主要目标。一是提高大数据运用能力，增强政府服务和监管的有效性。高效采集、有效整合、充分运用政府数据和社会数据，健全政府运用大数据的工作机制，将运用大数据作为提高政府治理能力的重要手段，不断提高政府服务和监管的针对性、有效性。二是推动简政放权和政府职能转变，促进市场主体依法诚信经营。运用大数据提高政府公共服务能力，加强对市场主体的事中事后监管，为推进简政放权和政府职能转变提供基础支撑。以国家统一的信用信息共享交换平台为基础，运用大数据推动社会信用体系建设，建立跨地区、多部门的信用联动奖惩机制，构建公平诚信的市场环境。三是提高政府服务水平和监管效率，降低服务和监管成本。充分运用大数据的理念、技术和资源，完善对市场主体的全方位服务，加强对市场主体的全生命周期监管。根据服务和监管需要，有序推进政府购买服务，不断降低政府运行成本。四是政府监管和社会监督有机结合，构建全方位的市场监管体系。通过政府信息公开和数据开放、社会信息资源开放共享，提高市场主体生产经营活动的透明度。有效调动社会力量监督市场主体的积极性，形成全社会广泛参与的市场监管格局。

2016年4月，为进一步推动流通转型升级和创新发展，国务院办公厅印发《关于深入实施"互联网+流通"行动计划的意见》。该意见明确了七项工作任务。一是加快流通转型升级。支持企业全渠道经营，大力发展体验消费，着力提高供应链管理控制能力，增强老字号等传统品牌影响力，推动商品交易市场创新商业模式。二是推进流通创新发展。鼓励发展分享经济新模式，支持发展协同经济新模式，大力发展流通创新基地。三是加强智慧流通基础设施建设。加大流通基础设施投入，推动智慧物流、冷链物流建设，推进电子商务与物流快递协同发展。加大农村宽带建设投入，加快提速降费进程。四是鼓励拓展智能消费新领域。鼓励构建线上线下融合发展的体验式智慧商圈，实施特色商业街区示范建设工程，拓展智能消费新产品、新技术、新服务。五是大力发展绿色流通和消费。推广绿色商品，开展绿色商场示范活动，推动"互联网＋回收"模式创新，开展"绿色产品进商场、绿色消费进社区、绿色回收进校园"主题宣传活动。六是深入推进农村电子商务。着力促进农产品网络销售，引导电子商务企业拓展农村消费市场，鼓励各类市场主体整合农村物流资源。七是积极促进电子商务进社区。大力发展社区电子商务，完善"一站式"便民服务消费功能，增加门店数量，提升居民生活便利性和生活品质。

信息化贯穿我国现代化进程始终。2016 年 7 月，中共中央办公厅、国务院办公厅印发《国家信息化发展战略纲要》，根据新形势对《2006—2020 年国家信息化发展战略》作了调整和发展，是规范和指导未来 10 年国家信息化发展的纲领性文件，是国家战略体系的重要组成部分，是信息化领域规划、政策制定的重要依据。这一纲要提出网络强国"三步走"的战略目标，主要是：到 2020 年，核心关键技术部分领域达到国际先进水平，信息产业国际竞争力大幅提升，信息化成为驱动现代化建设的先导力量；到 2025 年，建成国际领先的移动通信网络，根本改变核心关键技术受制于人的局面，实现技术先进、产业发达、应用领先、网络安全坚不可摧的战略目标，涌现一批具有强大国际竞争力的大型跨国网信企业；到本世纪中叶，信息化全面支撑富强民主文明和谐的社会主义现代化国家建设，网络强国地位日益巩固，在引领全球信息化发展方面有更大作为。该纲要还指出国家信息化发展的三大战略任务，即增强发展能力、提升应用水平、优化发展环境。增强发展能力，重点是发展核心技术、夯实基础设施、开发信息资源、优化人才队伍、深化合作交流；提升应用水平，主要是落实"五位一体"总体布局，对培育信息经济、深化电子政务、繁荣网络文化、创新公共服务、服务生态文明建设作出了安排，并首次将信息强军的内容纳入信息化战略；优化发展环境，强调要保障信息化有序健康安全发展，明确了信息化法治建设、网络生态治理和维护网络空间安全的主要任务。

互联网平台经济是生产力新的组织方式，是经济发展新动能，对优化资源配置、促进跨界融通发展和大众创业万众创新、推动产业升级、拓展消费市场尤其是增加就业，都有重要作用。2019年8月，国务院办公厅印发《关于促进平台经济规范健康发展的指导意见》，提出五方面措施：优化完善市场准入条件，降低企业合规成本；创新监管理念和方式，实行包容审慎监管；鼓励发展平台经济新业态，加快培育新的增长点；优化平台经济发展环境，夯实新业态成长基础；切实保护平台经济参与者合法权益，强化平台经济发展法治保障。

高标准市场体系是对现代市场体系的延续和升级，更加强调制度的完备性、更加强调公平竞争、更加强调政府维护市场秩序弥补市场失灵的重要性。党的十九届四中全会提出建设高标准市场体系。党的十九届五中全会提出实施高标准市场体系建设行动。2021年1月，中共中央办公厅、国务院办公厅印发《建设高标准市场体系行动方案》。该方案明确提出"加快培育数据要素市场"和"引导平台企业健康发展"。一方面，制定出台新一批数据共享责任清单，加强地区间、部门间数据共享交换。研究制定加快培育数据要素市场的意见，建立数据资源产权、交易流通、跨境传输和安全等基础制度和标准规范，推动数据资源开发利用。积极参与数字领域国际规则和标准制定。另一方面，支持平台企业创新发展，增强国际竞争力。实施教育、医疗、快递物流等网络基础设施改造提升工程，推动互联网医疗、在线教育、第三方物流、即时递送、在线办公、网上办事等新型服务平台发展，有效发挥平台企业在要素配置中的优化集成作用。畅通市场数据信息流，整合线上线下支付交易数据，推动实现跨部门共享。依法规范发展平台经济，强化对平台企业监管。围绕夯实市场体系基础制度，行动方案提出全面完善产权保护制度、全面实施市场准入负面清单制度、全面完善公平竞争制度。

2022年5月，中共中央办公厅、国务院办公厅印发《关于推进实施国家文化数字化战略的意见》，明确发展数字化文化消费新场景，支持符合科创属性的数字化文化企业在科创板上市融资，到"十四五"时期末，基本建成文化数字化基础设施和服务平台，形成线上线下融合互动、立体覆盖的文化服务供给体系。该意见提出以下八项重点任务：一是统筹利用文化领域已建或在建数字化工程和数据库所形成的成果，关联形成中华文化数据库;二是夯实文化数字化基础设施,依托现有有线电视网络设施、广电 5G 网络和互联互通平台,形成国家文化专网;三是鼓励多元主体依托国家文化专网,共同搭建文化数据服务平台;四是鼓励和支持各类文化机构接入国家文化专网,利用文化数据服务平台,探索数字化转型升级的有效途径;五是发展数字化文化消费新场景,大力发展线上线下一体化、在线在场相结合的数字化文化新体验;六是统筹推进国家文化大数据体系、全国智慧图书馆体系和公共文化云建设,增强公共文化数字内容的供给能力,提升公共文化服务数字化水平;七是加快文化产业数字化布局,在文化数据采集、加工、交易、分发、呈现等领域,培育一批新型文化企业,引领文化产业数字化建设方向;八是构建文化数字化治理体系,完善文化市场综合执法体制,强化文化数据要素市场交易监管。

近年来,随着"社交电商""直播带货"等新业态新模式不断涌现,我国网络交易蓬勃发展,同时也出现了一些新的问题,有必要及时完善相应的制度规范。作为贯彻落实《电子商务法》的重要部门规章,国家市场监督管理总局于 2021 年 3 月出台的《网络交易监督管理办法》,对完善网络交易监管制度体系、持续净化网络交易空间、维护公平竞争的网络交易秩序、营造安全放心的网络消费环境具有重要现实意义。一是针对网络经营主体登记问题,对《电子商务法》规定的"零星小额"和"便民劳务"两类免于登记情形进行了具体界定,提升网络经营主体整体合规度。二是针对"社交电商""直播带货"

等网络交易新业态，界定了网络服务提供者的角色定位，明确了各参与方的责任义务。针对网络交易平台经营者，严格压实主体责任，督促其切实规范经营行为、强化内部治理。三是针对网络消费者个人信息的收集使用规则作出详细规定，切实保护个人信息安全。四是针对虚构交易、误导性展示评价、虚构流量数据等新型不正当竞争行为进行了明确规制，禁止各类网络消费侵权行为。

科学数据是国家科技创新发展和经济社会发展的重要基础性战略资源。海量科学数据对生命科学、天文学、空间科学、地球科学、物理学等多个学科领域的科研活动更是带来了冲击性影响，科学研究方法发生了重要变革。大数据时代，科技创新倚重对科学数据的综合分析。科技创新越来越依赖于大量、系统、高可信度的科学数据，我国在科学数据开发利用、开放共享和安全保护等方面还有很大改进空间。2018年，为挖掘好大数据这座富矿，国务院办公厅印发《科学数据管理办法》，加强科学数据全生命周期管理，加大科学数据共享力度，激发科学研究原始创新活力。该办法明确了我国科学数据管理的总体原则、主要职责、数据采集汇交与保存、共享利用、保密与安全等方面内容，着重从五个方面提出了具体管理措施。一是明确各方职责分工，强化法人单位主体责任，明确主管部门职责，体现"谁拥有、谁负责""谁开放、谁受益"。二是按照"分级分类管理，确保安全可控"的原则，主管部门和法人单位依法确定科学数据的密级及开放条件，加强科学数据共享和利用的监管。三是加强知识产权保护，对科学数据使用者和生产者的行为进行规范，体现对科学数据知识产权的尊重。四是要求科技计划项目产生的科学数据进行强制性汇交，并通过科学数据中心进行规范管理和长期保存，加强数据积累和开放共享。五是提出法人单位要在岗位设置、绩效收入、职称评定等方面建立激励机制，加强科学数据管理能力建设。

为促进平台经济持续健康发展，预防和制止互联网平台经济领域垄断行为，2021 年 2 月，国务院反垄断委员会印发《关于平台经济领域的反垄断指南》。该指南界定平台、平台经营者、平台内经营者及平台经济领域经营者等基础概念，提出对平台经济开展反垄断监管应当坚持保护市场公平竞争、依法科学高效监管、激发创新创造活力、维护各方合法利益的原则。同时，该指南明确了垄断协议的形式，对其他协同行为作出具体规定，对平台经济领域经营者达成横向和纵向垄断协议、轴辐协议以及认定平台经济领域协同行为的具体方式、执法考量因素等作出说明，并细化了宽大制度规定；详细列举了认定或者推定经营者具有市场支配地位的考量因素，包括经营者的市场份额、相关市场竞争状况、经营者控制市场的能力、经营者的财力和技术条件、其他经营者的依赖程度、市场进入难易程度等；逐一细化滥用市场支配地位行为表现形式，如不公平价格行为、低于成本销售、拒绝交易、限定交易、搭售或者附加不合理交易条件差别待遇等，促进平台经济领域各类市场主体依法合规经营；指出经营者集中未达到申报标准但具有或者可能具有排除、限制竞争效果的，国务院反垄断执法机构将依法调查处理；明确了评估平台经济领域经营者集中的竞争影响可以考量的因素，以及国务院反垄断执法机构可以决定附加限制性条件的类型；对依法制止滥用行政权力排除、限制竞争行为作出规定，细化平台经济领域滥用行政权力排除、限制竞争的表现形式，要求对制定涉及平台经济领域市场主体经济活动的规章、规范性文件等进行公平竞争审查。

数字经济领域就业加速增长，新就业形态日益呈现。但同时，数字人才供给缺口大、适应劳动者流动性和就业方式多样化的就业服务及用工管理制度有待完善等问题仍较突出。2018年9月，国家发展改革委、教育部、科技部、工业和信息化部等19部门联合印发《关于发展数字经济稳定并扩大就业的指导意见》提出，加快形成适应数字经济发展的就业政策体系。该文件指出，到2025年，伴随数字经济不断壮大，国民数字素养达到发达国家平均水平，数字人才规模稳步扩大，数字经济领域成为吸纳就业的重要渠道。适应数字经济领域就业要求的法律制度框架基本完善，数字化公共就业创业服务能力大幅提升，人力资源市场配置效率明显提高，就业规模不断扩大，就业质量持续改善。这一文件从加快培育数字经济新兴就业机会、持续提升劳动者数字技能、大力推进就业创业服务数字化转型、不断完善政策法律体系等多个方面，提出多项具体政策措施。

　　虚拟现实（含增强现实、混合现实）融合应用多媒体、传感器、新型显示、互联网和人工智能等多领域技术，给经济、科技、文化、军事、生活等领域带来深刻影响。为加快我国虚拟现实产业发展，推动虚拟现实应用创新，培育信息产业新增长点和新动能，2018 年 12 月，工业和信息化部印发《关于加快推进虚拟现实产业发展的指导意见》，提出到 2025 年使我国虚拟现实产业整体实力进入全球前列。该指导意见从核心技术、产品供给、行业应用、平台建设、标准构建和安全保障等 6 大方面提出了发展虚拟现实产业的重点任务，包括突破近眼显示技术、感知交互技术、渲染处理技术和内容制作技术等 4 类关键核心技术，丰富整机设备、感知交互设备、内容采集制作设备、开发工具软件、行业解决方案和分发平台等 6 类产品有效供给，推进虚拟现实技术产品在制造、教育、文化、健康、商贸等 5 类重点行业领域的应用，建设共性技术创新、创新创业孵化、行业交流对接等公共服务平台，加快推进标准规范体系建设、重点标准研制、检测认证等工作，加强虚拟现实系统平台安全防护以及重要数据和个人信息保护。

　　发展共享制造，有利于提高生产资源的利用效率，提升产业组织柔性和灵活性，推动产品制造向服务延伸，促进中小企业专业化、标准化和品质化发展，提升企业竞争力，对推动新一代信息技术与制造业融合发展、培育壮大新动能、促进制造业高质量发展具有重要意义。2019 年 10 月，工业和信息化部印发了《关于加快培育共享制造新模式新业态促进制造业高质量发展的指导意见》，按照产业价值链三大主要环节，结合共享制造现实发展需求，以制造能力共享为重点，以创新能力、服务能力共享为支撑，提出了三大发展方向。一是制造能力共享。主要包括生产设备、专用工具、生产线等制造资源的共享。二是创新能力共享。主要包括产品设计与开发能力等智力资源共享，以及科研仪器设备与实验能力共享等。三是服务能力共享。主要围绕物流仓储、产品检测、设备维护、验货验厂、供应链管理、数据存储与分析等企业普遍存在的共性服务需求的共享。该意见针对我国共享制造现阶段的发展特点和主要问题，从平台、集群、生态和基础4个方面，提出了12项重点任务。一是培育共享制造平台，积极推进平台建设、鼓励平台创新应用、推动平台演进升级。二是依托产业集群发展共享制造，探索建设共享工厂、支持发展公共技术中心、积极推动服务能力共享。三是完善共享制造发展生态，创新资源共享机制、推动信用体系建设、优化完善标准体系。四是夯实共享制造发展的数字化基础，提升企业数字化水平、推动新型基础设施建设、强化网络安全保障。

为发挥标准对电信和互联网行业数据安全的规范和保障作用，进一步加快制造强国和网络强国建设的步伐，2020年12月，工业和信息化部印发《电信和互联网行业数据安全标准体系建设指南》，在基础共性标准、关键技术标准、安全管理标准的基础上，结合新一代信息通信技术发展情况，重点在5G、移动互联网、车联网、物联网、工业互联网、云计算、大数据、人工智能、区块链等重点领域进行布局，并结合行业发展情况，逐步覆盖其他重要领域。结合重点领域自身发展情况和数据安全保护需求，制定相关数据安全标准。该指南提出，到 2023 年，研制数据安全行业标准 50 项以上，健全完善电信和互联网行业数据安全标准体系，标准的技术水平、应用效果和国际化程度显著提高，有力支撑行业数据安全保护能力提升。

为深入实施数字经济战略，加快数字产业化和产业数字化，助力中小微企业蜕变脱困，构建现代化产业体系，实现经济高质量发展，2020 年 4 月，国家发展改革委、中央网信办联合印发《关于推进"上云用数赋智"行动　培育新经济发展实施方案》。主要措施包括：加强平台赋能，帮助中小微企业转型；强化公共服务，降低转型门槛；推行普惠性"上云用数赋智"服务，降低转型成本；探索"云量贷"，缓解贷款难；树标杆示范和应用场景，引导企业快速转型；打造跨越物理边界的"虚拟产业园"和"虚拟产业集群"，充分发掘企业间协同放大效益。

2021 年 12 月，中央网络安全和信息化委员会印发《"十四五"国家信息化规划》，对我国"十四五"时期信息化发展作出部署安排。该规划围绕确定的发展目标，部署了 10 项重大任务，一是建设泛在智联的数字基础设施体系，二是建立高效利用的数据要素资源体系，三是构建释放数字生产力的创新发展体系，四是培育先进安全的数字产业体系，五是构建产业数字化转型发展体系，六是构筑共建共治共享的数字社会治理体系，七是打造协同高效的数字政府服务体系，八是构建普惠便捷的数字民生保障体系，九是拓展互利共赢的数字领域国际合作体系，十是建立健全规范有序的数字化发展治理体系，并明确了 5G 创新应用工程等 17 项重点工程作为落实任务的重要抓手。同时，根据《中华人民共和国国民经济和社会发展第十四个五年规划和 2035 年远景目标纲要》中主要目标和重点内容，该规划把基础能力、战略前沿、民生保障等摆在了优先位置，确定了全民数字素养与技能提升、企业数字能力提升、前沿数字技术突破、数字贸易开放合作、基层智慧治理能力提升、绿色智慧生态文明建设、数字乡村发展、数字普惠金融服务、公共卫生应急数字化建设、智慧养老服务拓展等 10 项优先行动。

电子元器件是支撑信息技术产业发展的基石，也是保障产业链供应链安全稳定的关键，为加快电子元器件产业高质量发展，推动产业基础高级化、产业链现代化，促进我国信息技术产业发展，工业和信息化部于 2021 年 1 月印发了《基础电子元器件产业发展行动计划（2021—2023 年）》。该行动计划以推动高质量发展为主题，以深化供给侧结构性改革为主线，以改革创新为根本动力，以做强电子元器件产业、夯实信息技术产业基础为目标，明确提出要面向智能终端、5G、工业互联网、数据中心、新能源汽车等重点市场，推动基础电子元器件产业实现突破，并增强关键材料、设备仪器等供应链保障能力。同时，针对当前产业发展存在不足，以上行动计划提出要实施重点产品高端提升、重点市场应用推广、智能制造、绿色制造等行动，并开展提升产业创新能力、强化市场应用推广、夯实配套产业基础、引导产业转型升级、促进行业质量提升、加强公共平台建设、完善人才引育机制等重点工作，推动基础电子元器件产业提质增效，加快提升产业链供应链现代化水平。

持续深化信息化与工业化融合发展是新发展阶段制造业数字化、网络化、智能化发展的必由之路，是数字时代建设制造强国、网络强国和数字中国的重要举措。2021年11月，工业和信息化部正式印发了《"十四五"信息化和工业化深度融合发展规划》，全面部署"十四五"时期两化深度融合发展工作重点，加速制造业数字化转型，持续做好两化深度融合这篇大文章。该规划提出"76441"五项主要任务：一是发展新型智能产品、数字化管理、平台化设计、智能化制造、网络化协同、个性化定制、服务化延伸等七大新产品新模式新业态；二是加快推进原材料、装备制造、消费品、电子信息、绿色制造、安全生产等六个行业和领域数字化转型升级；三是筑牢融合发展新基础，包括建设新型信息基础设施、提升关键核心技术支撑能力、推动工业大数据创新发展、完善两化深度融合标准体系等四大基础；四是激发企业主体新活力，包括培育生态聚合型平台企业、打造示范引领型骨干企业、壮大"专精特新"中小企业、发展专业化系统解决方案提供商等四类企业；五是通过推动产业链供应链升级、推进产业集群数字化转型、深化产学研用合作、提升制造业"双创"水平等举措，打造融合发展新生态。围绕上述主要任务，设置了五项重点工程，一是制造业数字化转型行动，二是两化融合标准引领行动，三是工业互联网平台推广工程，四是系统解决方案能力提升行动，五是产业链供应链数字化升级行动。

"十四五"时期是我国工业经济向数字经济迈进的关键期，对大数据产业发展提出了新的要求。在此背景下，为进一步释放数据要素价值，做强做优做大产业，推动产业生态良性发展，工业和信息化部于 2021 年 12 月发布《"十四五"大数据产业发展规划》，提出 6 项重点任务：一是加快培育数据要素市场，围绕数据要素价值的衡量、交换和分配全过程，推进数据要素市场化配置；二是发挥大数据特性优势，紧扣数据全生命周期关键环节，加快数据汇聚，强化数据处理，推动数据流动，加强数据治理，促进数据转化，激发产业链各环节潜能；三是夯实产业发展基础，加快部署算力等新型基础设施，筑牢产业发展根基；四是构建稳定高效产业链，深化大数据在工业领域应用，推动大数据与各行业深度融合；五是打造繁荣有序产业生态，发挥中小企业创新发源地和龙头企业引领支撑的作用，提升大数据公共服务水平，打造资源、主体和区域相协同的产业生态；六是筑牢数据安全保障防线，对重要数据和跨境数据加大保护力度，加强数据安全产品研发应用，做大做强数据安全产业。这一规划不但明确提出"到 2025 年底，大数据产业测算规模突破 3 万亿元"的增长目标，而且确定了数据要素价值体系、现代化大数据产业体系建设等方面的新目标，还提出了"以释放数据要素价值为导向，以做大做强产业本身为核心，以强化产业支撑为保障"的路径设计。

我国政务信息化发展总体经历了"十一五"全面建设、"十二五"转型发展、"十三五"创新突破的发展阶段。"十四五"时期，国家政务信息化工程建设将继续坚持"大平台、大数据、大系统"的总体架构设计，综合运用新技术、新理念、新模式，指导推进重大政务信息化工程。为进一步做好"十四五"政务信息化工作，强化顶层设计和整体统筹，按照党中央、国务院决策部署精神和"十四五"国家级专项规划编制工作安排，国家发展改革委于2021年12月发布《"十四五"推进国家政务信息化规划》。该规划秉持统筹共建、效益优先、利企便民、安全可靠的原则，提出到2025年，推进政务信息化工作迈入以数据赋能、协同治理、智慧决策、优质服务为主要特征的"融慧治理"新阶段。在此基础上，规划提出了三大任务11项具体工程。一是深度开发利用政务大数据。以数据共享开放与深度开发利用作为提升政务信息化水平的着力点和突破口。深化基础库应用，升级完善国家人口、法人、自然资源和地理空间等基础信息资源库。新建经济治理基础数据库，汇集各部门主要经济数据，提升宏观经济治理的决策支持水平。二是发展壮大融合创新大平台。同步推进网络融合、技术融合、数据融合与服务融合，构建共建共用的大平台体系。三是统筹建设协同治理大系统。围绕政府核心职能，着力建设好执政能力提升信息化工程、依法治国强基工程、经济治理协同工程、市场监管提质工程、公共安全保障工程、生态环境优化工程等六大工程。

国家网信办等 4 部门联合发布的《互联网信息服务算法推荐管理规定》自 2022 年 3 月起正式施行。该规定致力于化解大数据"杀熟"、算法歧视、诱导沉迷等算法不合理应用导致的问题，有利于保障用户的算法知情权和选择权，防范算法推荐服务提供者利用算法影响网络舆论、规避监督管理。

2022 年是"十四五"时期全面推进乡村振兴、加快农业农村现代化的关键之年，稳住农业基本盘、做好"三农"工作具有特殊重要意义。中央网信办、农业农村部、国家发展改革委、工业和信息化部、国家乡村振兴局联合印发的《2022 年数字乡村发展工作要点》提出如下工作目标：到 2022 年底，数字乡村建设取得新的更大进展。数字技术有力支撑农业基本盘更加稳固，脱贫攻坚成果进一步夯实。乡村数字基础设施建设持续推进，5G 网络实现重点乡镇和部分重点行政村覆盖，农村地区互联网普及率超过 60%。乡村数字经济加速发展，农业生产信息化水平稳步提升，农产品电商网络零售额突破 4300 亿元。乡村数字化治理体系不断完善，信息惠民服务持续深化，农民数字素养与技能有效提升，数字乡村试点建设初见成效。

整治虚拟货币"挖矿"活动对促进我国产业结构优化、推动节能减排、如期实现碳达峰碳中和目标具有重要意义。虚拟货币"挖矿"活动指通过专用"矿机"计算生产虚拟货币的过程，能源消耗和碳排放量大，对国民经济贡献度低，对产业发展、科技进步等带动作用有限，加之虚拟货币生产、交易环节衍生的风险越发突出，其盲目无序发展对推动经济社会高质量发展和节能减排带来不利影响。为有效防范处置虚拟货币"挖矿"活动盲目无序发展带来的风险隐患，深入推进节能减排，助力如期实现碳达峰、碳中和目标，2021年9月，国家发展改革委等部门出台《关于整治虚拟货币"挖矿"活动的通知》，要求全面梳理排查虚拟货币"挖矿"项目，加快存量项目有序退出，切实推动虚拟货币"挖矿"活动整治工作。

⑦

近年的政府工作报告对数字经济提出什么要求?

2014 年政府工作报告提出,要促进信息消费,实施"宽带中国"战略,加快发展第四代移动通信,推进城市百兆光纤工程和宽带乡村工程,大幅提高互联网网速,在全国推行"三网融合",鼓励电子商务创新发展。维护网络安全。

2015 年政府工作报告提出,促进工业化和信息化深度融合,开发利用网络化、数字化、智能化等技术,着力在一些关键领域抢占先机、取得突破。制定"互联网+"行动计划,推动移动互联网、云计算、大数据、物联网等与现代制造业结合,促进电子商务、工业互联网和互联网金融健康发展,引导互联网企业拓展国际市场。

2016 年政府工作报告提出,促进大数据、云计算、物联网广泛应用。深入推进"中国制造+互联网",建设若干国家级制造业创新平台,实施一批智能制造示范项目。大力发展数字创意产业。壮大网络信息、智能家居、个性时尚等新兴消费。促进线上线下协调互动、平等竞争,推动实体商业创新转型。

2017 年政府工作报告提出,推动"互联网+"深入发展、促进数字经济加快成长。

2018 年政府工作报告提出,做大做强新兴产业集群,实施大数据发展行动，加强新一代人工智能研发应用，在医疗、养老、教育、文化、体育等多领域推进"互联网+"。加快发展现代服务业。发展智能产业，拓展智能生活，建设智慧社会。

2019年政府工作报告提出，深化大数据、人工智能等研发应用，培育新一代信息技术、高端装备、生物医药、新能源汽车、新材料等新兴产业集群，壮大数字经济。坚持包容审慎监管，支持新业态新模式发展，促进平台经济、共享经济健康成长。加快在各行业各领域推进"互联网+"。

2020年政府工作报告提出，发展工业互联网，推进智能制造，培育新兴产业集群。电商网购、在线服务等新业态在抗疫中发挥了重要作用，要继续出台支持政策，全面推进"互联网+"，打造数字经济新优势。

2021年政府工作报告提出，统筹推进传统基础设施和新型基础设施建设。加快数字化发展，打造数字经济新优势，协同推进数字产业化和产业数字化转型，加快数字社会建设步伐，提高数字政府建设水平，营造良好数字生态，建设数字中国。

2022年政府工作报告提出了促进数字经济发展的系列举措：加强数字中国建设整体布局。建设数字信息基础设施，推进5G规模化应用，促进产业数字化转型，发展智慧城市、数字乡村。加快发展工业互联网，培育壮大集成电路、人工智能等数字产业，提升关键软硬件技术创新和供给能力。完善数字经济治理，释放数据要素潜力，更好赋能经济发展、丰富人民生活。

8

"十四五"规划纲要对数字经济作出哪些新部署？

《中华人民共和国国民经济和社会发展第十四个五年规划和2035年远景目标纲要》用一整篇，提出了加快数字化发展、建设数字中国的目标和措施，并强调：深化公共卫生、数字经济、绿色发展、科技教育、文化艺术等领域人文合作；聚焦本规划确定的战略重点和主要任务，在数字经济等领域，制定实施一批国家级重点专项规划，明确细化落实发展任务的时间表和路线图。

一、打造数字经济新优势

充分发挥海量数据和丰富应用场景优势，促进数字技术与实体经济深度融合，赋能传统产业转型升级，催生新产业新业态新模式，壮大经济发展新引擎。一是加强关键数字技术创新应用。聚焦高端芯片、操作系统、人工智能关键算法、传感器等关键领域，加快推进基础理论、基础算法、装备材料等研发突破与迭代应用。加强通用处理器、云计算系统和软件核心技术一体化研发。加快布局量子计算、量子通信、神经芯片、DNA存储等前沿技术，加强信息科学与生命科学、材料等基础学科的交叉创新，支持数字技术开源社区等创新联合体发展，完善开源知识产权和法律体系，鼓励企业开放软件源代码、硬件设计和应用服务。二是加快推动数字产业化。培育壮大人工智能、大数据、区块链、云计算、网络安全等新兴数字产业，提升通信设备、核心电子元器件、关键软件等产业水平。构建基于5G的应用场景和产业生态，在智能交通、智慧物流、智慧能源、智慧医疗等重点领域开展试点示范。鼓励企业开放搜索、电商、社交等数据，发展第三方大数据服务产业。促进共享经济、平台经济健康发展。三是推进产业数字化转型。实施"上云用数赋智"行动，推动数据赋能全产业链协同转型。在重点行业和区域建设若干国际水准的工业互联网平台和数字化转型促进中心，深化研发设计、生产制造、经营管理、市场服务等环节的数字化应用，培育发展个性定制、柔性制造等新模式，加快产业园区数字化改造。深入推进服务业数字化转型，培育众包设计、智慧物流、新零售等新增长点。加快发展智慧农业，推进农业生产经营和管理服务数字化改造。

二、加快数字社会建设步伐

适应数字技术全面融入社会交往和日常生活新趋势，促进公共服务和社会运行方式创新，构筑全民畅享的数字生活。一是提供智慧便捷的公共服务。聚焦教育、医疗、养老、抚幼、就业、文体、助残等重点领域，推动数字化服务普惠应用，持续提升群众获得感。推进学校、医院、养老院等公共服务机构资源数字化，加大开放共享和应用力度。推进线上线下公共服务共同发展、深度融合，积极发展在线课堂、互联网医院、智慧图书馆等，支持高水平公共服务机构对接基层、边远和欠发达地区，扩大优质公共服务资源辐射覆盖范围。加强智慧法院建设。鼓励社会力量参与"互联网＋公共服务"，创新提供服务模式和产品。二是建设智慧城市和数字乡村。以数字化助推城乡发展和治理模式创新，全面提高运行效率和宜居度。分级分类推进新型智慧城市建设，将物联网感知设施、通信系统等纳入公共基础设施统一规划建设，推进市政公用设施、建筑等物联网应用和智能化改造。完善城市信息模型平台和运行管理服务平台，构建城市数据资源体系，推进城市数据大脑建设。探索建设数字孪生城市。加快推进数字乡村建设，构建面向农业农村的综合信息服务体系，建立涉农信息普惠服务机制，推动乡村管理服务数字化。三是构筑美好数字生活新图景。推动购物消费、居家生活、旅游休闲、交通出行等各类场景数字化，打造智慧共享、和睦共治的新型数字生活。推进智慧社区建设，依托社区数字化平台和线下社区服务机构，建设便民惠民智慧服务圈，提供线上线下融合的社区生活服务、社区治理及公共服务、智能小区等服务。丰富数字生活体验，发展数字家庭。加强全民数字技能教育和培训，普及提升公民数字素养。加快信息无障碍建设，帮助老年人、残疾人等共享数字生活。

三、提高数字政府建设水平

将数字技术广泛应用于政府管理服务，推动政府治理流程再造和模式优化，不断提高决策科学性和服务效率。一是加强公共数据开放共享。建立健全国家公共数据资源体系，确保公共数据安全，推进数据跨部门、跨层级、跨地区汇聚融合和深度利用。健全数据资源目录和责任清单制度，提升国家数据共享交换平台功能，深化国家人口、法人、空间地理等基础信息资源共享利用。扩大基础公共信息数据安全有序开放，探索将公共数据服务纳入公共服务体系，构建统一的国家公共数据开放平台和开发利用端口，优先推动企业登记监管、卫生、交通、气象等高价值数据集向社会开放。开展政府数据授权运营试点，鼓励第三方深化对公共数据的挖掘利用。二是推动政务信息化共建共用。加大政务信息化建设统筹力度，健全政务信息化项目清单，持续深化政务信息系统整合，布局建设执政能力、依法治国、经济治理、市场监管、公共安全、生态环境等重大信息系统，提升跨部门协同治理能力。完善国家电子政务网络，集约建设政务云平台和数据中心体系，推进政务信息系统云迁移。加强政务信息化建设快速迭代，增强政务信息系统快速部署能力和弹性扩展能力。三是提高数字化政务服务效能。全面推进政府运行方式、业务流程和服务模式数字化智能化。深化"互联网＋政务服务"，提升全流程一体化在线服务平台功能。加快构建数字技术辅助政府决策机制，提高基于高频大数据精准动态监测预测预警水平。强化数字技术在公共卫生、自然灾害、事故灾难、社会安全等突发公共事件应对中的运用，全面提升预警和应急处置能力。

四、营造良好数字生态

坚持放管并重，促进发展与规范管理相统一，构建数字规则体系，营造开放、健康、安全的数字生态。一是建立健全数据要素市场规则。统筹数据开发利用、隐私保护和公共安全，加快建立数据资源产权、交易流通、跨境传输和安全保护等基础制度和标准规范。建立健全数据产权交易和行业自律机制，培育规范的数据交易平台和市场主体，发展数据资产评估、登记结算、交易撮合、争议仲裁等市场运营体系。加强涉及国家利益、商业秘密、个人隐私的数据保护，加快推进数据安全、个人信息保护等领域基础性立法，强化数据资源全生命周期安全保护。完善适用于大数据环境下的数据分类分级保护制度。加强数据安全评估，推动数据跨境安全有序流动。二是营造规范有序的政策环境。构建与数字经济发展相适应的政策法规体系。健全共享经济、平台经济和新个体经济管理规范，清理不合理的行政许可、资质资格事项，支持平台企业创新发展、增强国际竞争力。依法依规加强互联网平台经济监管，明确平台企业定位和监管规则，完善垄断认定法律规范，打击垄断和不正当竞争行为。探索建立无人驾驶、在线医疗、金融科技、智能配送等监管框架，完善相关法律法规和伦理审查规则。健全数字经济统计监测体系。三是加强网络安全保护。健全国家网络安全法律法规和制度标准，加强重要领域数据资源、重要网络和信息系统安全保障。建立健全关键信息基础设施保护体系，提升安全防护和维护政治安全能力。加强网络安全风险评估和审查。加强网络安全基础设施建设，强化跨领域网络安全信息共享和工作协同，提升网络安全威胁发现、监测预警、应急指挥、攻击溯源能力。加强网络安全关键技术研发，加快人工智能安全技术创新，提升网络安全产业综合竞争力。加强网络安全宣传教育和人才培养。四是推动构建网络空间命运共同体。推进网络空间国际交流与合作，推动以联合国为主渠道、以联合国宪章为基本原则制定数字和网络空间国际规则。推动建立多边、民主、透明的全球互联网治理体系，建立更加公平合理的网络基础设施和资源治理机制。积极参与数据安全、数字货币、数字税等国际规则和数字技术标准制定。推动全球网络安全保障合作机制建设，构建保护数据要素、处置网络安全事件、打击网络犯罪的国际协调合作机制。向欠发达国家提供技术、设备、服务等数字援助，使各国共享数字时代红利。积极推进网络文化交流互鉴。

9

如何解读《"十四五"数字经济发展规划》？

2022年1月，国务院印发《"十四五"数字经济发展规划》（国发〔2021〕29号，以下简称《规划》），这是我国数字经济领域的首部国家级专项规划。《规划》明确了"十四五"时期推动数字经济健康发展的指导思想、基本原则、发展目标、重点任务和保障措施。《规划》以习近平新时代中国特色社会主义思想为指导，全面贯彻党的十九大和十九届历次全会精神，立足新发展阶段，完整、准确、全面贯彻新发展理念，构建新发展格局，推动高质量发展，统筹发展和安全，统筹国内和国际，以数据为关键要素，以数字技术与实体经济深度融合为主线，加强数字基础设施建设，完善数字经济治理体系，协同推进数字产业化和产业数字化，赋能传统产业转型升级，培育新产业新业态新模式，不断做强做优做大我国数字经济，为构建数字中国提供有力支撑。

一、出台的背景

党中央、国务院高度重视数字经济发展。习近平总书记指出，要统筹国内国际两个大局、发展安全两件大事，充分发挥海量数据和丰富应用场景优势，促进数字技术与实体经济深度融合，赋能传统产业转型升级，催生新产业新业态新模式，不断做强做优做大我国数字经济。李克强总理强调，要加快数字化发展，打造数字经济新优势，协同推进数字产业化和产业数字化转型。"十三五"时期，我国深入实施数字经济发展战略，数字经济对经济社会的引领带动作用愈益凸显，特别是新冠肺炎疫情期间，新业态新模式快速发展，数字经济为经济社会持续健康发展提供了强大动力。"十四五"时期，随着新一轮科技革命和产业变革深入发展，数字经济已成为世界各国抢抓发展新机遇、塑造国际竞争新优势的焦点，我国数字经济发展正转向深化应用、规范发展、普惠共享的新阶段，面对新时期新形势新挑战，数字经济在培育发展新动能，提升经济质量效益方面大有可为。《规划》成为指导"十四五"时期各地区、各部门推进数字经济发展的行动指南，正助力我国数字经济健康发展，不断提升广大人民群众对数字化发展的获得感、幸福感和满意度。

二、主要思路

《规划》明确坚持"创新引领、融合发展，应用牵引、数据赋能，公平竞争、安全有序，系统推进、协同高效"的原则。到 2025 年，数字经济核心产业增加值占国内生产总值比重达到 10%，数据要素市场体系初步建立，产业数字化转型迈上新台阶，数字产业化水平显著提升，数字化公共服务更加普惠均等，数字经济治理体系更加完善。展望 2035 年，力争形成统一公平、竞争有序、成熟完备的数字经济现代市场体系，数字经济发展基础、产业体系发展水平位居世界前列。

《规划》进一步突出体系化设计、系统化布局，着力构建推动数字经济发展的"四梁八柱"，对"十四五"时期我国数字经济发展作出了整体性部署。一是突出发挥数据要素价值。数据作为新的生产要素，是发展数字经济的关键，要进一步完善体制机制，加强统筹协调，有效调动各方面的积极性，进一步激活数据要素潜能。二是带动产业提质增效。以数字技术更好地驱动产业转型为发展重点，从骨干企业、重点行业、产业园区和产业集群等方面进行系统部署，促进创新要素整合共享，不断激发经济发展新动能。三是促进经济循环畅通。进一步发展普惠化的数字服务，针对发展不平衡问题，通过提升数字化供给水平，以新供给进一步拉动数字化消费，助力供给侧结构性改革，促进加快构建以国内大循环为主体、国内国际双循环相互促进的新发展格局。四是规范健康持续发展。努力把握我国数字经济发展的阶段性特征，对健全完善治理体系、强化安全保障能力等进行系统部署，坚持在发展中守住安全底线，确保安全有序、规范健康发展。

三、重大任务和重点工程

《规划》从 8 方面对"十四五"时期我国数字经济发展作出总体部署。一是优化升级数字基础设施。加快信息网络建设，推进云网融合、算网协同，有序推进基础设施智能升级。

二是充分发挥数据要素作用。强化高质量数据要素供给，加快数据要素市场化流通，创新数据要素开发利用机制。三是大力推进产业数字化转型。加快企业数字化转型升级，全面深化重点行业、产业园区和集群数字化转型，培育转型支撑服务生态。四是加快推动数字产业化。增强关键技术创新能力，加快培育新业态新模式，营造繁荣有序的创新生态。五是持续提升公共服务数字化水平。提高"互联网＋政务服务"效能，提升社会服务数字化普惠水平，推动数字城乡融合发展，打造智慧共享的新型数字生活。六是健全完善数字经济治理体系。强化协同治理和监管机制，增强政府数字化治理能力，推进完善多元共治新格局。七是着力强化数字经济安全体系。增强网络安全防护能力，提升重要数据安全保障水平，有效防范系统性风险。八是有效拓展数字经济国际合作。加快贸易数字化发展，推动"数字丝绸之路"深入发展，营造良好的国际合作环境。

此外，《规划》聚焦统筹建设数字基础设施、培育数据要素市场、深入推进产业数字化转型等重点领域，部署了包括优化升级信息网络基础设施、提升数据质量、培育数据要素市场试点、重点行业数字化转型提升、支撑培育服务生态、数字技术创新突破、培育数字经济新业态、社会服务数字化提升、新型智慧城市和数字乡村建设、提升数字经济治理能力、提升多元协同治理能力等11项重点工程，构成了推动数字经济发展各项任务落地推进的重要抓手。

四、保障措施

一是加强统筹协调和组织实施。建立数字经济发展部际协调机制，加强形势研判，协调解决重大问题，务实推进规划的贯彻实施。二是加大资金支持力度。加大对数字经济薄弱环节的投入，突破制约数字经济发展的短板与瓶颈，建立支持数字经济发展的长效机制。三是提升全民数字素养和技能。通过实施全民数字素养与技能提升计划、推进中小学信息技术课程建设、制定实施数字技能提升专项培训计划等，加快提高公民网络文明素养，加强数字人才培养。四是实施试点示范。统筹推动数字经济试点示范，完善创新资源高效配置机制，构建引领性数字经济产业集聚高地，探索形成一批适应数字经济发展的经验做法和制度性成果，形成以点带面的良好局面。五是强化监测评估。要加强对《规划》落实情况的跟踪监测、成效分析，抓好重大任务推进实施，及时总结工作进展。有关部门加强调查研究和督促指导，适时组织开展评估，推动各项任务落实到位。

⑩

地方和行业在数字经济发展领域进行了哪些探索？

有关地方在建设数字贸易实验区、完善数字化改革标准化体系、建立数字化转型促进中心、加快促进服务业数字化转型、开展数字人民币研发应用、推进生活数字化转型、打造电子信息高端产业集群、设立跨境电子商务综合试验区、促进政务数据开发利用、培养数字经济卓越人才、培育数据交易市场、推进制造业智能化改造等方面，结合当地实际创新性出台规划、条例、办法、方案、指导意见、实施意见等，呈现多点开花的局面。

2020年2月，上海发布《关于进一步加快智慧城市建设的若干意见》，提出将上海建设成为全球新型智慧城市的排头兵和国际数字经济网络的重要枢纽；在智慧政府建设中支持V2X智能网联、区块链数据溯源等新技术率先规模化落地。

2020年9月，北京发布《北京市促进数字经济创新发展行动纲要（2020—2022年）》《北京市关于打造数字贸易试验区实施方案》《北京国际大数据交易所设立工作实施方案》，全力推动数字贸易试验区、大数据交易所和数据跨境流动监管等。其中，中关村软件园国家数字服务出口基地、朝阳金盏国际合作服务区、自贸区大兴机场片区三位一体的数字经济和数字贸易开放格局，连同国际大数据交易所设立、数据跨境流动试点，成为建设以科技创新、服务业开放、数字经济为主要特征的自由贸易试验区的重要举措。

建设国际消费中心城市，是落实首都城市战略定位、推动高质量发展的必然要求，是实施扩大内需战略、融入新发展格局的重要抓手，是顺应消费发展新趋势、满足人民美好生活需要的关键之举。为加快"十四五"时期北京国际消费中心城市建设，2021年8月，北京制定《北京培育建设国际消费中心城市实施方案(2021—2025年)》，提出到2025年，通过实施消费新地标打造行动、消费品牌矩阵培育行动、数字消费创新引领行动、文旅消费潜力释放行动、体育消费质量提升行动、教育医疗消费能级提升行动、会展消费扩容提质行动、现代流通体系优化升级行动、消费环境新高地创建行动、消费促进机制协同保障行动等十项举措，实现北京在国际知名度、消费繁荣度、商业活跃度、到达便利度、消费舒适度、政策引领度等关键指标方面水平显著提升，基本建成国际消费中心城市，成为彰显时尚的购物之城、荟萃全球风味的美食之都、传统文化和现代文明交相辉映的全球旅游目的地、引领创新生态的数字消费和新型消费标杆城市，形成具有全球竞争力的体育、教育、医疗、会展等一系列"城市名片"，更好满足人民对美好生活的向往。为贯彻落实以上专项实施方案，充分发挥北京数字经济领先优势，强化数字技术赋能消费创新引领作用，提升数字消费供给水平，助力传统消费数字化转型，促进电商、直播经济、在线文娱等数字消费新模式规范持续健康发展，打造消费升级新动力，2022年6月，北京进一步制定《数字消费能级提升工作方案》，提出到2025年，信息内容消费实现收入超过5000亿元，直播电商成交额翻一番，选取2—3个区打造高质量直播电商基地，力争培育10个具有国际影响力的直播电商平台或直播电商企业，推出30个线上线下融合的直播示范场景，孵化40个网络直播新消费品牌，培育或引进一批具有示范引领作用的高端直播电商运营服务机构与专业人才。

2022年5月，北京发布《北京市数字经济全产业链开放发展行动方案》，集中突破高端芯片、人工智能、关键软件、区块链、隐私计算、城市空间操作系统等领域关键核心技术，超前布局6G、未来网络、类脑智能、量子计算等未来科技前沿领域，支持区块链先进算力平台和人工智能公共算力平台拓展应用，加快推进公共领域数据专区建设，持续举办公共数据创新应用大赛和数据融合应用实验攻关，形成以公共平台、底层技术、龙头企业等为核心的多样化数字技术创新生态。该方案有利于提高数字技术供给能力，释放数据要素全产业链价值，加大数据开放共享力度，加快激发数字经济活力。为促进数字经济高质量发展，助力打造全球数字经济标杆城市，2022年5月，北京市经济和信息化局会同相关部门起草了《北京市数字经济促进条例(征求意见稿)》，并公开征求意见。该条例拟从数字基础设施、数据资源、数字产业化、产业数字化、数字化治理、数字经济安全和保障措施等方面，对北京市的数字经济工作进行法规制度设计。为进一步推进元宇宙相关的人工智能、虚拟现实、区块链、云计算、大数据等信息技术和产业发展，助力北京建设数字经济标杆城市，2022 年 2 月，北京市通州区制定并发布了《关于加快北京城市副中心元宇宙创新引领发展的若干措施》。

随着数字化改革不断深入，急需运用标准化的理念，加强顶层设计与基础通用的标准规范，也急需运用标准化的语言，总结揅炼数字化改革中的实践成果，形成可复制、可推广的数字治理标准。为了进一步引领、支撑浙江的数字化改革，2021 年 7 月，浙江印发《数字化改革标准化体系建设方案 (2021—2025 年)》。方案提出，到 2021 年底，浙江将初步建立支撑一体化智能化公共数据平台标准体系，在术语定义、方法标准、编码标准等方面率先形成一批广域通用标准；到 2022 年底，党政机关整体智治、数字政府、数字经济、数字社会、数字法治五大系统标准体系基本建成；到 2025 年底，全面建成系统集成、实用高效的标准体系，标准在数字化改革领域广泛实施。随着全省数字化改革的全面推进，以及数字化改革标准体系的建立健全，2022 年 4 月，浙江发布机关事务领域数字化建设地方标准。该标准聚焦办公用房管理、公务用车管理、公共机构节能管理、综合服务保障管理等机关运行保障核心业务，明确数字机关事务建设总体架构、系统应用、运行保障等内容，重点突出核心业务集成应用的功能要求以及组织管理、制度流程、标准规范、信息安全等数字机关事务常态化运行与保障要求。

建设数字化转型促进中心是加快推动四川数字经济创新发展的重要内容，对打造数字经济新增长极具有重要意义。为深入贯彻落实数字中国战略部署，纵深推进国家"上云用数赋智"行动，加快构建全省数字化转型普惠服务体系，按照《国家数字经济创新发展试验区（四川）建设工作方案》具体安排，四川制定了《数字化转型促进中心建设实施方案》，通过数字化转型促进中心建设，打造一批数字化转型服务平台，催生一批数字化转型支撑技术与产品，开发一批数字化转型解决方案，探索建立数字化转型的标准和规范，形成一批可复制、可推广的数字化转型模式和典型经验，充分激发企业数字化转型积极性，有效释放创新改革红利，加速促进经济社会数字化转型。

为加快促进服务业数字化转型，深入推进服务业高质量发展，2021年9月，山东印发《山东省服务业数字化转型行动方案（2021—2023年）》。该行动方案提出，到2023年，数字化对服务业发展的拉动能力明显提高，智能化和便利化程度进一步升级，服务业数字化产业链和数字化生态初步形成。在开展生活性服务业数字提升行动和加快生产性服务业数字赋能升级两部分，分别从医养健康、电子商务、文化创意、精品旅游等4个生活性服务业重点产业，科技研发、智慧物流、商务服务、金融服务等 4 个生产性服务业重点产业，提出具体的数字化转型工作任务；在实施服务业数字化转型重点工程部分，提出服务业数字化转型平台支撑、服务业新业态新模式培育两大工程。

2020 年 10 月，《深圳建设中国特色社会主义先行示范区综合改革试点实施方案（2020—2025 年）》提出，在中国人民银行数字货币研究所深圳下属机构的基础上成立金融科技创新平台，支持开展数字人民币内部封闭测试，推动数字人民币的研发应用和国际合作。

在城市数字化转型中，经济、生活、治理三个领域相互促进、相互赋能。2021 年 7 月，上海发布《推进上海生活数字化转型 构建高品质数字生活行动方案（2021—2023 年）》（以下简称《生活数字化方案》）和《推进上海经济数字化转型 赋能高质量发展行动方案（2021—2023 年）》（以下简称《经济数字化方案》）。《生活数字化方案》提出，要以城市为主场、企业为主体、市民为主人，围绕人民群众最迫切需求、最急难问题、最高频事项，着力打造需求精准响应、服务均衡惠及、潜能有效激发、价值充分实现的数字生活新图景。目标是，到 2023 年市民数字素养和能力显著增强，数字生活服务感受度不断提升，重点行业通过数字化实现业务流程重塑效应逐步凸显，建成至少 50 个生活数字化转型标杆场景，推动上海建设成为全球数字生活的新兴技术试验场、模式创新先行区、智能体验未来城，"数智感"生活成为上海创造高品质生活的重要标志和主要支撑。《经济数字化方案》提出，通过大力探索经济数字化"四量"转型示范路径，着力推动经济存量增效、增量创新、流量赋能、质量引领，打造转型发展的全新动能。到2023年，将上海打造成为世界级的创新型产业集聚区、数字经济与实体经济融合发展示范区、经济数字化转型生态建设引领区，成为数字经济国际创新合作典范之城。2022年4月，上海发布《上海城市数字化转型标准化建设实施方案》，围绕"经济、生活、治理"全面数字化转型要求，提出到2023年底，上海将新增发布100项以上城市数字化转型地方标准及团体标准，主导或参与制定50项以上国际标准和国家标准，形成15项以上"上海标准"，推动50项以上城市数字化转型标准化试点，有效支撑上海城市数字化转型。方案明确了数字化转型标准化建设的五大主要任务，具体包括：完善支撑全局的基础标准、完善融合发展的经济数字化转型标准、完善服务民生的生活数字化转型标准、完善精细管理的治理数字化转型标准、构建适应新发展阶段的标准化工作格局。继浙江省印发数字化改革标准化体系建设方案后，城市数字化转型领域的"上海标准"已出台。

为打造电子信息高端产业集群，上海于2021年12月出台《上海市电子信息产业发展"十四五"规划》以及电子信息制造业、软件和信息服务业两个专项规划，以上规划提出：加强元宇宙底层核心技术基础能力的前瞻研发，推进深化感知交互的新型终端研制和系统化的虚拟内容建设，探索行业应用。其中，电子信息制造业专项规划提出：前瞻部署量子计算、第三代半导体、6G 通信和元宇宙等领域，积极抢占前沿技术发展的制高点，为实现产业技术更新换代和跨越式发展奠定基础。

2022 年 1 月，国务院批复同意在鄂尔多斯市、扬州市等 27 个城市和地区设立跨境电子商务综合试验区，要求复制推广前五批综合试验区成熟经验做法，发挥跨境电子商务助力传统产业转型升级、促进产业数字化发展的积极作用，引导跨境电子商务健康持续创新发展，全力以赴稳住外贸外资基本盘，推进贸易高质量发展。

为大力推进数字经济做优做强，积极营造数字经济发展一流生态，2022 年 4 月，江西发布《构建包容环境深入推进数字经济做优做强的若干措施》，推出 18 条具体措施，对全省数字经济领域市场主体实行 2 年发展"包容期"管理，提出在"包容期"内采取柔性方式执法，对实行承诺制不存在以不正当手段取得涉企经营许可的实行信赖保护原则，"双随机、一公开"检查减少比例降低频次，对信用异常的企业主动提示和指导申请信用修复，对数字经济重点企业实行"保姆式服务"，在数字经济产业集聚区开展惠企惠民政策宣传等。

为了加快打造数字经济新引擎，做大做强做优数字经济，根据国家《"十四五"数字经济发展规划》《福建省"十四五"数字福建专项规划》的部署要求，福建于 2022 年 4 月发布《福建省做大做强做优数字经济行动计划（2022—2025 年）》，提出到 2025 年，全省数字经济增加值超过 4 万亿元，数字经济核心产业增加值占 GDP 的比重比 2020 年提高 3 个百分点，数字经济创新发展水平明显提升，形成一批具有国内外竞争力的数字产业集群，重点行业数字化、网络化、智能化转型取得明显成效，数字经济新业态新模式健康发展，数据要素实现有序流通和深度开发利用，新型基础设施支撑引领作用进一步凸显，开放、健康、安全的数字生态加快形成，数字营商环境不断优化，数字经济发展质量效益达到国内先进水平。福建进一步推出八项重点任务：数字信息基础设施"强基"行动；数字技术创新突破行动；数字经济核心产业规模能级提升行动；数字化转型支撑服务生态培育行动；数据资源开发利用行动；数字经济新业态新模式培育行动；数字企业融资促进行动；数字经济治理提升行动。

为推动政务数据安全有序高效共享，促进政务数据开发利用，提升政府治理效能，2022 年 1 月，广西印发《关于建立健全政务数据共享协调机制加快推进数据有序共享的实施意见》，提出加强数据共享工作组织领导、增强政务数据共享支撑能力、提升政务数据共享管理服务水平、强化政务数据共享安全保障、完善政务数据共享相关法规规章制度和标准规范等措施。

江苏把数字经济作为转型发展的关键增量。为了集聚顶尖数字人才、数字创客和数字工匠，助推数字经济高地建设，江苏创立数字经济卓越工程师职称制度，开展数字经济专业人才高级职称评审认定，打通了高技能人才成长为卓越工程师的职业发展通道，同时，实施数字经济卓越工程师职业领航工程，建立数字经济卓越工程师继续教育基地，预计每年培养产生上千名数字经济卓越工程师。为深入贯彻落实习近平总书记关于建设网络强国、数字中国、智慧社会的战略部署，全面推进江苏经济社会数字化转型，着力打造数字经济新引擎，激发数字时代新动能，培育数字经济新优势，2022年2月，江苏印发《关于全面提升江苏数字经济发展水平的指导意见》，提出到2025年，数字经济发展水平位居全国前列，数字产业集群能级跃升，数字经济核心产业增加值占地区生产总值比重达到13.5%左右，制造业数字化转型全国示范，服务业数字化国内领先，数字政府建设水平全面提升，数据要素市场体系初步建立，数字技术创新体系基本形成；到2035年，数字经济整体发展水平进入世界先进行列，数据要素价值充分释放，形成一批国际领先的数字经济产业集群，数字经济成为引领江苏经济转型发展的重要引擎。

为加快培育一批本土数据服务细分领域的领军企业和隐形冠军，推动数据服务产业成为当地数字经济发展核心引擎，2022年1月，河北保定出台《保定市支持数据服务产业发展若干措施》，围绕积极引进培育数据服务产业集群、设立专项资金、吸引企业落户、支持企业发展4个方面，重点支持保定市主城区建设数据服务产业发展集聚区，打造数据服务产业基地。

为引导培育本市数据交易市场，规范数据交易行为，促进数据依法有序流动，2022 年 1 月，天津出台《天津市数据交易管理暂行办法》。

2022 年 4 月，广州出台《广州市数字经济促进条例》（自 2022 年 6 月 1 日起施行）。该条例致力于推动数字技术同实体经济深度融合，加快城市数字化转型，实现经济社会高质量发展，建设具有全球影响力的数字经济引领型城市。条例中明确：数字经济发展应当遵循创新驱动、数据赋能、系统协调、开放融合、绿色低碳、普惠共享、聚焦产业、应用先导、包容审慎、安全发展的原则，主要内容涉及数字产业化、工业数字化、建筑业数字化、服务业数字化、农业数字化、数字基础设施、数据资源、城市治理数字化等方面。

2022 年 4 月，成都发布《成都市"十四五"数字经济发展规划》。该规划以提升数字技术、数据要素、数字基建三大数字经济新要素的供给能力为基础，充分发挥智慧蓉城丰富的数字应用场景牵引作用，围绕核心产业引领、新兴产业成势、未来赛道启航的数字经济产业发展体系加快构建，功能引导、场景驱动、优势互补的数字经济区域发展格局加快形成，规范有序、开放协同的数字经济发展生态加快营造，找准成都发展数字经济的动力源和切入点，并明确了任务体系。2022 年 3 月 31 日，中国人民银行召开了数字人民币研发试点工作座谈会。会议提出，有序扩大试点范围，在现有试点地区基础上增加天津市、重庆市、广东省广州市、福建省福州市和厦门市、浙江省承办亚运会的 6 个城市作为试点地区，北京市和河北省张家口市在 2022 年北京冬奥会、冬残奥会场景试点结束后转为试点地区。2017 年以来，数字人民币研发试点已在深圳、苏州、雄安新区、成都、上海、海南、长沙、西安、青岛、大连等地开展。目前，数字人民币已在政务缴费、批发零售、餐饮文旅等领域形成可复制可推广的应用模式，参与试点的用户、商户、交易规模稳步增长。

近年来，苏州加快推进制造业智能化改造和数字化转型，通过免费诊断、技术输出、平台赋能、贴息奖补等举措，积极营造全流程服务生态，有效激发企业智能化改造和数字化转型动能。比如，提供免费诊断，搭建"制造服务超市"，消除企业"缺方案，不敢转"顾虑；强化示范引领，加速标杆输出，解决企业"缺技术，不会转"难题；深化平台赋能，加速推动上云，化解企业"缺数据，不能转"困境；完善财政金融政策，实施精准扶持，缓解企业"缺资金，不愿转"压力。

近年来，中国宝武钢铁集团大力推进智慧制造，加快"产业智慧化、智慧产业化"进程，形成中国宝武智慧制造解决方案和领先优势，努力实现现场操控室一律集中，操作岗位一律采用机器人，运维监测一律远程，服务环节一律上线。三家钢企 50% 以上操作岗位一律由机器人予以完成。"四个一律"助力宝武集团实现点线面远程智能运维，让传统钢厂插上了智慧的翅膀。中国科学院《互联网周刊》、eNet 研究院、德本咨询联合发布 2021 中国智能制造 50 强排行榜中,该集团作为唯一一家钢铁企业,以打造智慧钢厂成功上榜,排名第 12 位,比 2020 年提升 18 位。在该排行榜中位居第一位的是海尔集团,该企业正在互联工厂中探索大规模定制模式,逐步形成智能决策、全流程协同的智能制造新模式。

第三篇

规范数字经济发展的国际观察

数字经济领域的国际竞争涉及技术标准、制度竞争等多个领域和环节。数字经济在国别间发展长期不均衡、不平衡。欧盟、美国等地区和国家在数字经济规划制度、创新制度、开放制度，以及税收监管、公平竞争、安全保障制度等方面的做法，取得一定进展和成效，尤其在完善数据流动治理规则、推进国家税收规则改革、加强反垄断监管等领域，走在其他地区和国家的前列，值得在我国的数字经济制度系统构建过程中借鉴参考。

11

欧盟及其主要成员国的数据法律规范各有哪些？

欧盟的数据法律规范体系日臻完善，对国际社会的数据治理产生重大影响。建设"数字欧洲"是欧盟数字经济顶层设计的首要目标。2015 年，欧盟提出"单一数字市场"，旨在推动建立一个数字产品、资本和信息服务自由流动的统一市场。欧盟认为，机器数据与个人数据同等宝贵，通过在传统行业中加入"数据元素"，"数字欧洲"有望助力传统行业实现数字化、智能化升级。为进一步整合现有成员国之前已分散推进的数字化发展战略，2016 年欧盟提出"欧洲工业数字化"战略。欧洲产业资本在人工智能、云计算等领域，正通过强大的工业基础，实现技术的应用和变迁，意图缩小在消费互联时代与美国的差距。2018 年 6 月，欧盟首个"数字欧洲"项目设立，项目拨款 92 亿欧元，用于超级计算机及数据处理、人工智能、网络安全、数字技术培训推广、电子政务等领域。欧盟把发展人工智能作为提升竞争力、维护安全的重大战略，发布《欧盟人工智能战略》《可信赖的人工智能道德准则草案》《促进人工智能在欧洲发展和应用的协调行动计划》《人工智能的道德准则草案》《非个人数据在欧盟境内自由流动框架条例》《地平线欧洲》《欧盟物联网行动计划》《人工智能合作宣言》《人工智能协调计划》等，致力于在国际科技竞争中掌握主导权。在上述文件中，欧盟主要国家准确界定其在全球数字经济中的地位，针对各自发展数字经济的薄弱环节，提出推动本国数字经济发展的行动方案和具体举措，比如，重点主张开发和应用高质量的数字技术、促进数字经济包容增长、提高欧洲人工智能的竞争力、开展数字化技能培训、维护网络安全和数字时代公民基本权利等。在前述立法和指南基础上，2020年2月，《欧盟数据战略》以数字经济发展为主要视角，概述了数据领域的重要政策措施以及未来5年的投资计划，通过出台"开放数据指令"等举措，构建欧盟内部统一的数据获取和利用的治理规则框架；增强欧洲在数据储存、处理、利用和兼容方面的技术能力和设施建设；尊重并强化公民数据权利，加强数据专业人才建设；减轻特定行业和领域的数据利用行为对经济社会的负面影响。

欧盟在数字治理体系建设方面走在全球前列，但数字经济战略规划在各成员国之间的碎片化问题仍待解决。在未来的数字欧洲发展进程中，英国、德国、法国等工业强国可能继续向价值链中高端转移，而工业基础薄弱、处在价值链低端的东、南欧，则可能面临"人被机器所取代"的风险。英国发布《产业战略：人工智能领域行动》《数字宪章》《国家计量战略实施计划》《数字英国战略》，通过设立研发基金，推动数字经济相关的公共基础设施扩域增量、共享协作、智能升级，帮助企业推进数字化改造，开展与互联网、大数据、人工智能等新一代信息技术的深度融合，努力建设未来的数字化强国。英国持续推进《政府数字化战略》《政府数字包容战略》《政府转型战略（2017—2020年）》，进一步加强数字政府平台建设，推动政府数字化进程，提升在线身份认证、在线支付和在线通知等功能，实现英国公民的在线身份识别。德国发布《高技术战略2025》《人工智能德国制造》《联邦政府人工智能战略要点》等。德国尤其注重产业领域的数字化转型，在政府制定的《数字化战略2025》中，构建数字化生态体系，涵盖技术研发、商业模式、基础设施、教育培训、数据安全、法制监管和政府服务等众多领域，通过推进智能互联来协助德国企业实践工业4.0战略。云计算推动德国制造业企业实现研发设计与生产制造的协同，为制造业个性化和差异化生产奠定基础。法国先后推出发展战略《2012数字法国》和《数字法国2020》，加大对数字化基础设施的投入，提高网速、降低资费，对运营商在偏远地区的运营提供补贴，发展电子商务和电子政务。2015年法国发布"未来工业"计划，旨在通过数字技术提升工业竞争力和现代化水平。

欧盟提出"把数据留在欧洲"的数据安全理念，支持数据在欧盟境内自由流动，以消除区域内数字壁垒。为此，先后发布《通用数据保护条例》《建立一个共同的欧盟数据空间》《非个人数据在欧盟境内自由流动条例》等，推动建立单一的欧洲数字市场。对欧盟来说，如果过度监管互联网平台，会影响其更好地利用信息技术，延缓数字创新与经济转型。为保护成员国公民的个人隐私数据，2018 年 5 月在欧盟范围内生效的《通用数据保护条例》（GDPR）[①] 规定，可以管辖欧盟之外向欧盟居民提供服务的企业。

为提高欧盟和成员国公共财政的可持续性，塑造数字企业与其他企业间的公平税收环境，打击侵蚀税基的税务筹划，欧盟力推数字服务税，但协调进度缓慢。进一步增强对关键信息基础设施安全防护力度，不断加强网络安全战略部署。为保障卫生、交通、电力等关键行业基础设施的安全，欧盟颁布"网络与信息安全指令（NIS）"，要求欧盟成员国建立国家网络安全战略、成立计算机安全事件应急小组，出台《提升关键基础设施网络安全框架》《能源行业网络安全多年计划》，加紧构建关键信息基础设施保护体系。

---

① 该条例建立了完备的个人数据保护制度，涉及个人数据处理的基本原则、数据主体的权利、数据控制者和处理者的义务、个人数据跨境转移等领域，被称为是史上最严的数据保护立法。2019 年 5 月 25 日，该条例实施满一周年，欧盟共收到约 145000 份数据安全相关的投诉和问题举报；共判处 5500 万欧元行政罚款。

12

美国数字经济发展的政策体系由哪些内容构成？

长期以来，美国是全球数字经济和数字贸易的最大推动者、参与者和受益者，更是数字技术、标准专利、治理规则的"领跑者"。1995 年至 1998 年期间，美国三分之一的经济增长来自于蓬勃发展的数字经济[①]。2006 年至 2016 年，美国数字经济年均增速为 5.6%，而总体经济增速仅为 1.5%[②]。

在数字经济领域，美国具有技术优势和制度优势。1997年《全球电子商务框架》为电子商务的发展创造有利环境；1999 年《域名权保护法案》规定，域名与商标保护统一，不得冒用、非法注册或使用与他人域名相似的域名进行网上商业活动。强大的信息产业体系、健全的数字经济产业体系，以及大数据、云计算、电子政务、人工智能等领域政策支撑体系，助推美国保持数字经济引领者地位。在算法、芯片、数据等产业核心领域，美国处于世界领导地位。无论是 1995 年美国提出的《数字化建模和仿真创新战略》，还是当前的《先进制造业伙伴计划》，均把高端工业软件放在核心战略地位。美国

① 涂勤：《新兴的数字经济》，《世界经济》1999 年第 8 期。

② 王玉柱：《数字经济重塑全球经济格局——策竞赛和规模经济驱动下的分化与整合》，《国际展望》2018 年第 4 期。

2011 年《联邦政府云战略》和 2012 年《联邦云计算计划》均致力于推动制造业企业将云计算等技术应用于制造场景，促进制造业的数字化转型；同时，推动数字政府建设，借助云计算提升数据共享的便捷性和政府的协调治理效率。2012 年《联邦大数据研究与开发计划》和《联邦大数据研究与开发战略计划》则致力于加大对大数据的研究力度，提升生产和管理领域的创新能力，加强数据服务决策的有效性，构建国家大数据创新生态体系。2018 年，在数字经济相关领域，美国发布《美国国家网络战略》《数据科学战略计划》《美国先进制造业领导力战略》等。美国联邦政府在人工智能标准制定中的作用发挥，奠定了美国在人工智能领域的全球领导地位。2019 年 2 月，美国启动了新的人工智能计划；发布《美国人工智能倡议首年年度报告》，阐述了美国人工智能的最新进展和长期愿景，其中提出 10 项监管原则（公众对人工智能的信任；公众参与；科学的完整性和信息质量；风险评估和管理；收益和成本；灵活性；公平与非歧视；公开和透明；安全与保障；机构间协调）和 6 项核心举措（投资人工智能研发；清除人工智能创新的障碍；释放人工智能资源；促进支持美国人工智能创新的国际环境；为政府服务和任务提供值得信赖的人工智能；培养人工智能人才队伍）。2019 年 12 月，美国白宫行政管理和预算办公室（OMB）发布《联邦数据战略与 2020 年行动计划》，展望了未来 10 年的数据愿景，聚焦数据这一战略资源，确立了一致的数据基础设施和标准实践，以及政府机构如何使用联邦数据的长期框架；同时，确定了 2020 年拟采取的 20 项关键行动，为落实联邦数据战略提供了坚实基础。

信息技术是政府提供公共服务的保障。2018 年，美国先后发布《总统管理议程》《面向 21 世纪的政府解决方案——改革计划与重组建议》，提出运用数字技术建设现代高效的政府，对各联邦部门进行数字化改造，对公务人员开展数字化技能培训。

美国作为规则的引领者和塑造者，从保护自身商业利益出发，以技术中性为基本理念，极力倡导国际层面数据跨境自由流通。美国大力支持其掌握核心信息技术的跨国企业在全球扩展，谋求数据自由流动，同时严格保障特定领域的数据安全，应对国家安全和高科技技术扩散等领域的风险挑战。美国《澄清境外数据合法使用法案》（CLOUD Act）增强了美国执法机构获取境外数据的能力，采用"实际控制标准"代替"数据存储地标准"，设计了执法机构跨境访问、获取、调用数据的规则机制。由于美国占据全球数字经济的高点，放松数据跨境流动限制，将导致其他国家的数据资源流向美国。2020 年 1 月，美国加州的消费者隐私法案生效，监管范围涵盖所有和美国加州居民有业务的数据商业行为，监管标准虽然比欧盟宽松，但处罚力度更大。鉴于越来越多的成年美国人使用过加密货币进行投资或交易，美国政府认为，数字资产有助于加强美国在全球金融体系和技术前沿的领导地位，但也对国家安全、金融稳定和消费者保护等产生重大负面影响。2022 年 3 月，为应对风险和利用数字资产及其基础技术的潜在利益，进而保持技术领导地位、提高美国的全球竞争力，美国总统签署关于确保数字资产负责任创新的行政命令，政策重点涉及加密货币和今后的美国中央银行数字货币，以指导数字资产生态系统健康发展。

对谷歌、微软、亚马逊、脸书等超大型平台企业，美国基于保护创新考虑，整体上持包容、审慎的监管态度。鉴于此，相关平台企业的成长空间较大，在技术研发、商业模式、用户服务等方面不断创新发展。但在自动决算算法系统领域，美国的监管日趋严格。美国的自动化算法随着人工智能技术不断发展，逐渐进入政府决策和司法应用领域。2017 年美国纽约市议会通过的算法问责法案，提倡促进政府自动决策算法的公开透明和可解释性，这一做法为其他国家和地区制定人工智能算法监管规则提供了有益借鉴。2019 年 4 月，美国国会引入《2019 年算法问责法案》；在此基础上，2022 年 2 月，又更新为《2022 年算法责任法案》。法案要求大型平台企业在使用自动化决策系统做出关键决策过程之前，系统评估偏见、有效性和相关因素。当前，美国联邦贸易委员会正据此建立包括数据源、参数以及对算法决策提出质疑的记录在内的公共存储库。

$$13$$

其他国家和地区为发展数字经济各采取了什么举措?

经济合作与发展组织（OECD）各成员国普遍把数字经济政策上升到国家战略，重点聚焦以下方面：一是提高宽带基础设施水平，提高宽带网络速度，扩大网络覆盖范围，改善宽带基础设施弹性；二是推动ICT部门发展，加大研究开发支持力度，重视标准制定和推广，吸引和扩大各类投资；三是建设数字政府，促进公共数据公开，建立完善电子档案；四是推动ICT部门与教育、医疗等部门和行业的融合，推动组织变革和效率提高，改善人口质量；五是构建网络安全，确保关键信息基础设施安全，加强数字风险管理。

数字贸易规则正被纳入更加广泛的自由贸易协定安排。2017年美国退出跨太平洋伙伴关系协定（TPP）后，其他11个成员国于2018年3月签署《全面与进步跨太平洋伙伴关系协定》（CPTPP），将TPP协定的电子商务章升级成数字贸易章。2018年9月，美国、墨西哥和加拿大达成的用以替代《北美自由贸易协议》的《美墨加贸易协定》（USMCA），其内容涵盖跨境贸易服务、数字贸易、知识产权等广泛的领域；2018年12月，东盟签署《东盟电子商务协定》；2019年10月，美国和日本签署《美日数字贸易协定》，规定金融服务提供商的金融服务计算设施位置、数字贸易税收问题、使用密码技术的信息和通信技术产品等条款；2020 年 6 月，智利、新西兰和新加坡签署《数字经济伙伴关系协定》（DEPA），发布数字贸易便利化、数据跨境流动与创新、构建值得信赖的数字环境等方面的特色条款；2020 年 8 月，澳大利亚和新加坡签署《数字经济协定》（DEA）。2020 年 11 月签订的《区域全面经济伙伴关系协定》（RCEP）中，电子商务、知识产权、电信服务、服务贸易等数字贸易有关内容占有较大比重。以上协定成为全球范围内数字经贸规则制定的重要保障和推动力量。近年来，有关国家构建数字经济治理同盟的倾向初见端倪。比如，美日欧三方多次举行会谈，同意以合作促进数字经济发展，并强调通过提升数字安全来改善商业环境。

日本以加快数字经济治理为抓手，为国内经济结构升级和社会转型发展创造条件。继 2001 年出台《e-Japan 战略》后，日本政府又发布《u-Japan 战略》《i-Japan 战略》，明确数字经济发展的短期方向和长期目标。近年，日本的互联产业成为产业发展的未来方向，并立足数字经济实践提出《工业再兴战略》，发布《日本制造业白皮书》《集成创新战略》《综合创新战略》《第 2 期战略性创新推进计划（SIP）》等。日本把互联产业作为国家发展战略"社会 5.0（超智慧社会）"的支撑产业，集中投入政策资源予以推动支持。2018 年，先后发布《提高生产率特别措施法案》《"互连产业"相关政策措施的进展情况》，实施《创新活动行动计划》，创设数据共享、合作项目认定制度，健全完善数据驱动型社会的基础建设。在 2015 年 1 月制定的《机器人新战略》中，日本提出要发挥机器人制造和技术方面的优势，建成世界领先的机器人物联网和机器人应用社会。日本的"智能云计算战略"的目标，是带动企业数字化转型，实现产业数字化、智能化升级。

俄罗斯制定一系列推动数字经济发展的规划，并实施了一系列政策措施。具体包括 2012 年《2013—2025 年发展电子和无线电子工业国家规划》、2013 年《2014—2020 年信息技术产业发展战略及 2025 年前发展前景》、2014 年《2030 年前俄罗斯联邦科技发展预测》、2016 年《俄罗斯联邦科学技术战略》、2017 年《2017—2030 年俄罗斯联邦信息社会发展战略》、2017 年《俄罗斯联邦数字经济规划》等。其中，在 2017 年 7 月俄罗斯政府批准的《俄罗斯联邦数字经济规划》中，将数字经济看作是一个经济生态体系，认为数字技术的应用和创新正带来全新的商业发展模式，数字基础设施和数字产业构成数字经济的重要内容，由此国家保障推动数字经济发展的制度措施①；2018 年《俄罗斯联邦数字经济规划》选择数字基础设施、信息安全、监管标准、人才培养、科研能力建设等环节，作为重点推进方向。

---

① 张冬杨：《俄罗斯数字经济发展现状浅析》，《俄罗斯研究》2018 年第 2 期。

第四篇

发展数字经济的专家学者观点

在数字经济领域，专家学者深入探讨经济新常态与数字经济发展的关系，以新发展理念为指导阐释数字经济的重要意义，提出数字经济有关指标体系的构建路径，并提出推动数字经济发展的意见建议。专家学者的观点主张，对党员领导干部结合工作实际推动数字经济发展，具有参考价值。

14

专家学者怎样理解经济新常态与 数字经济发展的关系？

高质量发展是生产要素投入少、资源配置效率高、资源环境成本低、经济社会效益好的发展。从生产函数角度分析，经济高质量发展要有与一定高技术条件相适应的高质量要素投入，更多地发挥高级生产要素在配置中的主导作用，形成高质量的产出供给（周振华，2018）[1]。杨伟民（2018）提出，新常态就是增长速度换挡、发展方式转变、经济结构优化、增长动力转换。杨英杰等[2]认为，经济高速增长主要得益于要素投入、技术创新、制度创新、发展市场、政府行为等方面。大量劳动力转移、固定资本投资、创新与技术变革、社会主义市场经济体制、有效市场与有为政府等，带来了中国经济增长的奇迹。中国的经济面临劳动人口减少、投资边际效率递减、劳动生产率低下、生产成本上升等结构性问题。这在学术界取得了一定共识。按照高建昆等（2018）[3]的观

---

① 周振华：《经济高质量发展的新型结构》，《上海经济研究》2018 年第 9 期。

② 杨英杰等：《新中国 70 年经济发展经验理论研究述评》，《行政管理改革》2019 年第 29 期。

③ 高建昆等：《建设现代化经济体系 实现高质量发展》，《学术研究》2018 年第 12 期。

点，我国经济发展动力必然由要素驱动、投资驱动等传统增长点，转向以创新驱动为代表的新增长点。荆文君等（2018）[①]认为，在经济增速放缓的大背景下，基于互联网及相应新兴技术产生的数字经济，表现出蓬勃发展的态势。

互联网技术进步直接促进经济增长（刘宇，2010）[②]。杨汝岱（2018）[③]指出，经济增长核算框架应加入数据。汤正仁（2018）[④]提出，大数据提供巨量资源，云计算提供数据资源使用方式，互联网提供数据资源传输路径。数字经济扩展了资源配置边界，在降低营销、管理和研发成本等方面有积极作用（张磊等，2016）[⑤]。数字经济不但改变消费者的购物观念和行为（陈林芬等，2005）[⑥]，颠覆盈利模式，改变市场结构（杨新铭等，2017）[⑦]，而且推动产业结构转型升级（付宏等，2013）[⑧]。

[①]　荆文君等：《数字经济促进经济高质量发展：一个理论分析框架》，《经济学家》2019 年第 2 期。

[②]　刘宇：《互联网对国民经济影响的定量分析》，《中央财经大学学报》2010 年第 12 期。

[③]　杨汝岱：《大数据与经济增长》，《财经问题研究》2018 年第 2 期。

[④]　汤正仁：《以数字经济助力现代化经济体系建设》，《区域经济评论》2018 年第 4 期。

[⑤]　张磊等：《中国互联网经济发展与经济增长动力重构》，《南京社会科学》2016 年第 12 期。

[⑥]　陈林芬等：《网络消费者行为与电子商务服务质量的关系》，《消费经济》2005 年第 21 期。

[⑦]　杨新铭等：《数字经济：传统经济深度转型的经济学逻辑》，《深圳大学学报（人文社会科学版）》2017 年第 34 期。

[⑧]　付宏等：《创新对产业结构高级化影响的实证研究——基于 2000—2011 年的省际面板数据》，《中国工业经济》2013 年第 9 期。

推动数字经济高质量发展具有多方面有利条件。科技创新和技术扩散进入活跃期，为高质量发展提供了技术支撑。全面深化改革持续推进，为高质量发展提供制度保障（王一鸣，2018）[①]。同时，数字经济发展正面临新问题、新挑战。发展中国家面临数字化生态体系不健全和产业化基础缺乏等问题，数字化转型受到技术和资本门槛制约（王玉柱，2018）[②]。数字金融推动经济高质量发展的困境包括：数字金融相关法制不健全，与数字金融发展相匹配的最新法律制度不健全；数字金融活动主体金融素养较低，金融服务机构从业人员和服务对象无法熟练掌握数字金融知识；征信系统不完善，没有形成共享征信系统，对失信者惩戒力度较弱；客户信息安全缺乏保障，在客户信息采集、贮存和使用中还存在一定的安全问题；数字金融风险凸显，增加了金融市场的易变性和金融动荡的可能性（何宏庆，2019）[③]。进入数字经济时代，反垄断执法的范围和时机难以抉择、取证难，法律救济不及时，执法队伍建设滞后等挑战不容忽视（熊鸿儒，2019）[④]。

---

① 王一鸣：《大力推动我国经济高质量发展》，《人民论坛》2018 年 3 月下。
② 王玉柱：《数字经济重塑全球经济格局——政策竞赛和规模经济驱动下的分化与整合》，《国际展望》2018 年第 4 期。
③ 何宏庆：《数字金融：经济高质量发展的重要驱动》，《西安财经学院学报》2019 年第 2 期。
④ 熊鸿儒：《数字经济时代反垄断规制的主要挑战与国际经验》，《经济纵横》2019 年第 7 期。

$$15$$

学术界在新发展理念与数字经济发展 研究领域有哪些观点？

新发展理念是当前阶段中国经济破解发展难题、厚植发展优势的重要抓手（张涛等，2019）[①]。刘友金等（2018）[②] 提出，要成功实现"弯道超车"，归根到底要依靠技术创新。

一、数字经济既是创新的结果，也是创新的新动力和新起点

创新驱动发展是高质量发展的核心，创新引领和推动高质量发展（邓子纲等，2019）[③]。新科技革命和产业变革的核心技术涵盖移动互联网、云计算、大数据、物联网、人工智能、虚拟现实、区块链、3D 打印等，以此为驱动的数字经济创新呈现创新频率高、影响大和覆盖范围广等特点（李晓华，2019）[④]。汤正仁（2018）认为，数字经济是科技创新和体制创新的产物，

---

① 张涛等：《新发展理念助推中国经济向高质量发展转型》，《河北学刊》2019 年第 10 期。

② 刘友金等：《"弯道超车"：新时代经济高质量发展路径创新》，《湖南科技大学学报（社会科学版）》2018 年第 1 期。

③ 邓子纲等：《论习近平高质量发展观的三个维度》，《湖湘论坛》2019 年第 1 期。

④ 李晓华：《数字经济新特征与数字经济新动能的形成机制》，《改革》2019 年第 11 期。

其创新可能来源于商业模式、组织关系的创新（荆文君等，2018）。王伟玲等（2019）[1] 提出，数字经济情景下的用户深度参与到创新过程中，是创新创意的重要来源。传统制造企业加速向基于数据驱动的新型生产模式转变，探索制造服务化转型、线上线下融合、个性化定制等业务或模式。

二、数字经济推动产业、城乡、区域缩小发展差距，是协调发展的重要引擎

协调发展强调了生产内部联系的客观性。数字经济的协调性特征，不但体现在大数据、云计算、互联网三者关系上，还体现在对新兴产业的驱动、对传统产业的带动上，更体现在推动城乡区域协调发展上。数字经济有助于实现经济与社会、物质与精神、城乡之间、区域之间的协调发展（张新红，2016）[2]。

数字经济推动世界经济转型与发展的同时，也带来严峻的数字鸿沟问题。何枭吟（2013）[3] 提出，数字资源全球分配不均衡，国别和地域差异显著。数字鸿沟强化了发达国家数字垄断优势，发展中国家陷入"数字贫困"，加剧了全球经济发展

---

① 王伟玲等：《我国数字经济发展的趋势与推动政策研究》，《经济纵横》2019 年第 1 期。

② 张新红：《数字经济与中国发展》，《电子商务》2016 年第 11 期。

③ 何枭吟：《数字经济发展趋势及我国的战略抉择 》，《中外企业》2013 年第 3 期。

的不平衡。数字经济对各产业的影响不均衡，数字化程度较高的产业主要集中于第三产业，如科研机构、金融行业及广播电视等；第一产业及第二产业中的重工业，其数字化程度则偏低（康铁祥，2008）[①]。

三、数字经济支撑绿色生产和消费，是引领绿色发展的新路径

绿色发展体现了自然条件与社会条件、价值观念和生产价值的统一。数字经济是绿色成为普遍形态、没有污染、代际公平的可持续发展，有效避免了过度消耗能源资源和污染环境。数字经济促进传统产业的创新化、绿色化、节能化，加快了绿色型世界经济的构建（张景先，2018）[②]。在数字经济中，数据虽然是关键性生产要素，但属于无限资源。汤正仁（2018）认为，与劳动、土地、森林、矿产、水源等传统的有限资源比较，数据资源不会因使用而枯竭，也不带来环境污染的外部性损害。

四、数字经济具有开放性，加快数字经济发展是扩大开放的必然要求

开放发展体现了马克思"从民族的历史转向世界的历史"的思想。如果现代市场经济失去开放性的重要特征，基于物联

---

① 康铁祥：《中国数字经济规模测算研究》，《当代财经》2008 年第 3 期。

② 张景先：《数字经济发展的几个关键点》，《人民论坛》2018 年 10 月中。

网、电子商务和全球贸易而衍生的数字经济就无从谈起（龚晓莺等，2019）①。2021年9月，中国信息通信研究院发布的《全球数字经济白皮书》，深入研究了全球在5G、数据要素、人工智能、制造业数字化转型等关键领域的国际发展态势，呈现了全球数字经济发展新格局。据该白皮书统计，2020年，47个国家数字经济增加值规模达到32.6万亿美元，同比名义增长3.0%，占GDP比重为43.7%；发达国家和高收入国家的数字经济抗风险能力明显更强。

数字经济所涵盖的广泛商业模式和交易类型，在不断进步的现代信息和通信技术支撑下，可以在更远的距离和更大的规模之间进行（高运根，2014）②。数字丝绸之路是数字经济在我国的全新发展阶段，具有开放性、合作性和前瞻性。要出台"数字丝绸之路"建设方案，发挥企业的主体作用，筹建数字丝绸之路的平台性公司，加大对数字丝绸之路税务规则、个人隐私、企业和平台责任等问题的研究（向坤，2017）③。

五、数字经济具有收入分配效应，影响人民群众对经济发展成果的共享程度

共享理念实质是坚持以人民为中心的发展思想。数字经济

---

① 龚晓莺等：《当代数字经济的发展及其效应研究》，《电子政务》2019年第8期。

② 高运根：《数字经济面临的税收挑战》，《国际税收》2014年第10期。

③ 向坤：《从数字经济视角看数字丝绸之路建设的内涵、结构和发展路径》，《西部论坛》2017年第6期。

的发展，归根到底是以人为中心的发展（陈兵，2019）[①]。数字技术的发展，既要服务于经济增长，更要以公平性、普惠性、平衡性、稳定性等为目标，让更多的人享受到改革和发展的成果，让数字转型推动人类文明的进步（向书坚等，2018）[②]。

数字经济为现代社会走向共享经济提供了一条探索性方案。刘荣军（2017）[③] 提出，数字经济只是手段，分享经济才是目的；通过重构关于占有权和使用权之间的产权革命，数字经济有助于构建起协同共享的新经济形态，但也可能带来新的社会控制和社会分配。孙德林（2004）[④] 提出，在一定条件下的数字经济中，优势或劣势会自行强化，出现强者更强、弱者更弱的赢家通吃垄断局面。

①　陈兵：《法治视阈下数字经济发展与规制系统创新》，《上海大学学报（社会科学版）》2019 年第 4 期。
②　向书坚等：《OECD 数字经济核算研究最新动态及其启示》，《统计研究》2018 年第 1 期。
③　刘荣军：《数字经济的经济哲学之维》，《深圳大学学报（人文社会科学版）》2017 年第 4 期。
④　孙德林：《数字经济的本质与后发优势》，《当代财经》2004 年第 12 期。

16

数字经济的测算及指标体系方面有
哪些研究成果？

　　世界各国尚未形成完备的数字经济核算体系（向书坚等，2018）[①]。美国商务部从 SNA 核算体系及其产业分类标准出发，估算出 2002 年美国数字经济的规模占 GDP 的 7.9%。基于美国的做法，我国学者利用 2002 年中国投入产出表，测算该年数字经济规模，占当年 GDP 的 8.85%（康铁祥，2008）[②]。推动和评价数字经济发展，需要构建科学的指标体系。已有研究据其对数字经济内涵的理解，探索了不同的指标体系，对我国的数字经济指标体系设置具有一定借鉴意义，如欧盟数字经济与社会指数（人力资本、互联网应用、数字技术应用和数字化公共服务程度等）；经济合作与发展组织数字经济指标体系（投资智能化基础设施、创新能力、促进经济增长与增加就业岗位等）（徐清源等，2018）[③]。

[①]　向书坚等：《OECD 数字经济核算研究最新动态及其启示》，《统计研究》2018 年第 1 期。
[②]　康铁祥：《中国数字经济规模测算研究》，《当代财经》2008 年第 3 期。
[③]　徐清源等：《国内外数字经济测度指标体系研究综述》，《调研世界》2018 年第 11 期。

中国信息通信研究院的数字经济指数包括先行指数、一致指数和滞后指数 3 类；上海社科院全球数字经济竞争力指数构建了由数字设施、数字产业、数字创新、数字治理等 4 个维度构成的全球数字经济竞争力分析模型；腾讯"互联网 +"数字经济指数包括基础、产业、创新创业、智慧民生 4 个分指数。另外，有学者从专题研究的角度，探讨了特定领域数字经济发展评价指标。比如，张伯超等（2018）[①]选取风险资本可用度、最新技术可用度、固定宽带普及率、固定电话普及率、高等教育入学率、信息和通信技术产品出口占比、高科技出口占比、每百万人安全服务器 8 项指标，用以刻画数字经济发展所需的要素禀赋条件、基础设施条件、政府治理与监管力度和社会营商环境等，构建了"一带一路"沿线国家数字经济发展就绪度指标体系，定量评估了"一带一路"沿线国家的数字经济发展条件。

当前国内外的指标体系各具特色、各有所长。但从总体情况看，缺乏顶层设计，过程指标与结果指标相混同，同类指标重复，有些指标测度较为困难。由于测度数字经济高质量发展的指标具有主观性，难以计量，加上计量口径不一致，已有研究未构建出权威的、细化的、科学的评价体系。

---

① 　张伯超等：《"一带一路"沿线国家数字经济发展就绪度定量评估与特征分析》，《上海经济研究》2018 年第 1 期。

17

专家学者对推动数字经济发展有什么见解？

面对新时代的新要求，推动高质量发展必须坚持质量第一、效益优先，加快推动质量变革、效率变革、动力变革，重点要把握好以下四个方面：一是坚持质量第一，实现高水平经济循环；二是坚持效益优先，实现要素高效配置；三是坚持创新驱动，实现活力充分释放；四是坚持共创共享，实现以人民为中心的发展（何立峰，2018）[①]。

科学发现、技术发明和产业创新是实现高质量发展的关键动因。只有创新驱动的经济才能实现持续的高质量发展。提升核心技术创新能力有利于推动产业高质量发展。筑牢高质量发展的科技基石，切实保障国家安全，占据全球创新发展高地，必须抓住核心技术攻关这个"牛鼻子"，立足创新发展国情，认识和把握技术发展规律，多措并举推动创新驱动发展战略深入实施，加快形成自主可控、安全稳定的核心技术创新体系（辜胜阻等，2018）[②]。动能转换的关键时期，创新能力不强的问

---

① 何立峰：《大力推动高质量发展 积极建设现代化经济体系》，《宏观经济研究》2018 年第 7 期。

② 辜胜阻等：《创新驱动与核心技术突破是高质量发展的基石》，《中国软科学》2018 年第 10 期。

题就变得尤为突出。解决该问题的关键在于科研成果的研发和成果转化，以及广大创新型中小微企业的发展壮大（肖宇等，2019）[1]。

推动数字经济发展、加快新旧动能转换，应持续优化软硬环境，加大技术创新成果早期市场支持力度，支持数字经济细分领域发展，实施"互联网 +"与"智能 +"，鼓励数字经济龙头企业走出去（李晓华，2019）[2]。惠志斌（2019）[3] 提出，围绕 5G 网络部署、技术创新、应用示范、产业布局、安全监管进行总体规划，引导国内外企业、研究机构共同打造 5G 创新链、产业链和生态链。

鉴于数据跨境流动日益频繁且监管缺失，各国数据管辖方面的冲突日益凸显，这就要求各国共同参与数字经济立法合作，共同推进国际规则的形成（刘方等，2019）[4]。在"一带一路"沿线国家的数字经济发展与合作过程中发挥自身技术优势，采取有力政策措施鼓励我国信息产业企业"走出去"，使中国企业向"一带一路"沿线国家提供高质量的信息技术产品，抓住跨国投资的机遇开拓国际市场（张伯超等，2018）[5]。

---

① 肖宇等：《风险投资与高质量发展：基于省级面板数据的实证检验》，《西南金融》2019 年第 6 期。
② 李晓华：《数字经济新特征与数字经济新动能的形成机制》，《改革》2019 年第 11 期。
③ 惠志斌：《5G 与数字经济》，《探索与争鸣》2019 年第 9 期。
④ 刘方等：《数字经济发展：测度、国际比较与政策建议》，《青海社会科学》2019 年第 4 期。
⑤ 张伯超等：《"一带一路"沿线国家数字经济发展就绪度定量评估与特征分析》，《上海经济研究》2018 年第 1 期。

第五篇

数字经济发展存在的问题

　　古往今来，很多技术都是"双刃剑"，互联网和数字技术也不例外，互联网领域发展不平衡、规则不健全、秩序不合理等问题日益凸显。数字经济大而不强、快而不优的现实仍需关注，数字经济在快速发展中出现的不健康、不规范的苗头和趋势尤需重视。2014年7月，习近平主席在巴西国会的演讲中指出，当今世界，互联网发展对国家主权、安全、发展利益提出了新的挑战，必须认真应对。在2018年全国网络安全和信息化工作会议上，习近平总书记强调，没有网络安全就没有国家安全，就没有经济社会稳定运行，广大人民群众利益也难以得到保障。

18

哪些因素制约数据资源价值潜力的充分释放？

数据确权作为培育数据要素市场的基础和前提，目前仍处于探索阶段。制度建设滞后和监管缺位背景下，数据权属和权益、数据资产入表等成为数据开发利用的瓶颈，导致平台企业免费使用部分数据资源，部分业务游离于监管之外。在一些领域，数据成为电子商务公司、平台企业争夺掌控的"私产"，为数据利益的冲突埋下了隐患。对数据的收集整理、分析计算、使用传播等环节的法律表述相对不明确，各利益攸关方的权益划分仍存模糊地带。当前人工智能、互联网和大数据的发展，对原有的知识产权制度提出挑战，比如用人工智能的方式创作的音乐、文学作品，作品版权归软件使用者还是软件开发人存在争议。数字经济领域的知识产权保护力度不足，数字侵权行为时有发生，数字内容开发者的利益得不到有效保障，一定程度上阻碍数字经济的发展。

数据提供者的商业利益无法保障，进行数据交易的动机不强，不愿或无法进行数据交易，这就无法适应数字经济瞬息万变的生动实践，严重制约以数据为基础的数字经济进一步发展。数字产权权属不清晰，制约数据的流通和数据交易，可能导致数据领域的投资不足和市场失灵。比如，在医疗卫生领域，沉淀了海量的健康数据，属于药物研发等急需的数据，但很难形成直接资源进行共享。在技术研发领域缺乏超前性，模仿创新模式虽然投入低、风险小、市场需求大，但受到出让技术一方的技术控制、技术壁垒和市场壁垒制约，同时，引进先进技术的空间逐渐狭小。现行法律体系的立法条文相对宽泛，权利体系分散重叠，未出台类似欧盟《一般数据保护条例》的数据基本法，或制度供给不足，或实施机制乏力，缺乏系统的制度激励和救济。

我国的数据开放和共享程度仍存较大空间。与发达国家相比，数据质量整体不高，数据标准和格式不统一，"数据孤岛"和"碎片化"现象普遍。高效便捷的数据开放与共享系统尚未建立，跨部门、行业的数据开放和共享难度大，相关的政策法规和保障机制滞后。

$$\textcircled{19}$$

关键领域创新能力有什么短板弱项？

原始创新短板突出，核心技术在短期内突破的难度较大，导致核心零部件、关键元器件和工业软件的对外依存度居高不下。

一、核心技术创新突破任重道远

与技术强国尤其是美国比较，在科技公司和独角兽公司的数量、市值、技术研发、产品创新等方面，仍存较大差距。在仪器、化工、生物技术、制药等行业，美国的专利数量仍遥遥领先我国。由于存在受发达国家制约的"卡脖子"工程，底层技术原创性不足，行业面板、芯片设计、封装测试、通信设备、光电、手机制造、电脑、5G、AI、物联网以及云端、大数据等领域的部分关键产品严重依赖进口。量子计算在算法、体系结构、编码、材料等方面，与国外仍有较大差距。本土软件企业在底层架构和核心算法方面不具优势，在数据的采集、预处理、存储、分析和可视化等环节的技术积累薄弱，关键数据技术的创新和开源生态建设方面仍有很大的成长空间。我国目前对基础研究和应用基础研究的投入相对少、研发比重低，而试验发展方向的研究比重高。在基础创新与专利申请领域大而不强、多而不优等问题突出，特别是发明专利比例偏低。前端环节投入明显不足，源头技术储备严重缺乏，难以支撑前沿技术突破和产业升级，集成电路等产业核心关键技术缺失、自给率偏低，严重威胁产业安全，"拿来主义"的惯性和倾向依然存在。出口产品严重依赖引进核心零部件和核心技术，在国内组装的产品包含在境外生产的技术含量较高的零部和配件。近年，我国信息技术领域的技术来源和储备不足、核心竞争力不强等问题凸显。不从根本上改变关键领域核心技术受制于人的格局，依赖他人的科技成果来提高自己的科技水平，跟在别人的后面亦步亦趋，就有做其他国家的技术附庸的安全风险，制约国家的自主创新能力。

二、核心零部件受制于人

部分制造业企业研发设计能力有限，整体产出效率偏低，工业母机、基础软硬件、算法等领域的瓶颈问题仍然突出。集成电路、工业机器人、数控机床、工业软件和关键零部件等，工业设计能力相对薄弱，工艺和材料相对落后，仍然不能满足实际需要。工业网络和软件、工业控制系统、高端装备领域的技术产业实力难以满足安全防护需求，软硬件依赖国外技术产品的状况，加剧工业信息安全风险。多数行业处于加工组装领域，处于"微笑曲线"的中间区域，高加工度的产业发展明显不足，高加工度水平较低，较多地体现为零部件或原辅料件的简单加工和装配。比如，虽然我国的造船完工量居世界第一，但船舶动力及装置、电子电气设备、舱室设备、通信导航与自动化系统的半数以上均依赖进口；国产笔记本电脑、数控机床、手机售价的 20% 以上支付给了国外专利持有者。由于国际互联网的根服务器在拓展性、安全性等技术方面存有缺陷，国际互联网如果物理链路中断易导致根域名风险。

三、转型过程中存在"不会转""没钱转""不敢转"难题

能力有两难，"不会转"。一是基础差。据了解，我国有超过 55% 的企业尚未完成基础的设备数字化改造。多数开展数字化转型的企业也基本处于"上云"阶段，对深度的业务"用数赋智"推进不够。二是门槛高。数字化转型服务机构、共性服务设施严重缺乏，前期生产流程再造的投入高，数字化设计、仿真、测试、验证等环境建设往往需要企业自己投入。中小微企业转型之路道阻且长，尽管未来可期，但又往往做不了。

资金有两难，"没钱转"。一是成本高。物联网、云计算、大数据、人工智能、区块链等新技术应用成本仍然偏高，硬件装备改造或替换成本也很高，对转型预期收益的预估不乐观。据测算，制造业中小微企业税后利润仅为 3%—5%，转型成本承受不起。此外，多数企业对数字化转型后的数据安全表示担忧。二是贷款难。据有关研究数据，我国中小微企业贷款额仅占银行贷款总额 25%，企业信用信息覆盖率为 21.4%，广大中小微企业难以覆盖，特别对于轻资产运作的公司，缺少可信抵

押资产，贷款十分困难。

效益有两难，"不敢转"。一是周期长。阵痛期难以逾越。当前我国企业数字化转型通用性解决方案仍较少，可借鉴案例少，很多需要企业自己摸索，见效慢。很多企业怕还没过阵痛期，就先死掉。二是协同差。企业上下游、产业链间协同转型不够，数字化产业链和数字化生态未建立，一家企业难以带动上下游企业联动转型，无法形成协同倍增效应和集群效应。

$$\textcircled{20}$$

数字鸿沟现象是怎样体现的?

不同国家和地区信息鸿沟不断拉大，现有网络空间治理规则难以反映大多数国家意愿和利益。全球数字经济分化发展，发达国家数字经济发展领先于发展中国家。在发达国家，80% 人使用互联网；在最不发达国家，只有 20% 的人使用互联网 。我国地域广阔，在互联网使用、电子政务普及、手机终端数量等方面，东部、中西部存在明显差异，数字资源分配不均匀。尽管宽带覆盖率整体有所改善，但是农村地区覆盖率较低。"网络鸿沟""宽带鸿沟""无线鸿沟"正向"云鸿沟"和"5G 鸿沟"演化。在一些中西部地区，基础设施尤其是信息基础设施落实，导致当地群众无法获得互联网带来的"知识红利"，降低了互联网等技术的运用范围，也制约了当地的数字经济快速发展。传统的数字鸿沟一般表现为地域、性别、基础设施等方面的鸿沟。随着信息技术的发展，数字经济发展不平衡导致的新型数字鸿沟将日益扩大，具体表现在产业数字化发展不平衡、区域数字化发展不平衡、数字经济治理与传统治理范式不协调等方面。近年，各国产业数字化蓬勃发展，但差距较大，有关国家产业数字化的巨大差距，成为造成数字经济鸿沟的重要原因。

数字经济对就业结构会产生较大影响。数字经济发展也可能对就业产生不利影响，破坏发展成果，冲击社会稳定。传统产业和一些技术水平比较低、知识结构比较落后的群体，容易受到数字经济的冲击。现在的劳动法规、社会保障政策和相关的薪酬人事政策，几乎都是基于全日制就业形态来制定和实施的，零工经济中自由劳动者的权益保障缺乏依据，劳动者的谈判能力有限，适应劳动者流动性和就业方式多样化的就业服务及用工管理制度有待完善。

此外，数字经济在推动经济高质量发展，尤其在消除就业歧视、推动性别平等方面，发挥了积极作用。虽然数字经济显著缩小性别差异，但也要面对和重视性别上的"数字鸿沟"问题。信息技术在不同社会群体间仍存在一定的应用差距，客观上形成了体现在年龄、区域甚至国别上的各种"鸿沟"。数字经济对妇女就业结构产生较大影响，传统产业和学历较低的妇女群体，更容易受到数字经济的冲击。与发达国家相比我国数字经济人才存在严重短板，数字化人才供给明显不足，特别是"高、精、尖"数字化专业技能的人才更为稀缺。与男性比较，我国妇女在计算机、数学、软件等领域的参与度更显不足。就业领域的"性别鸿沟"或因数字技术的可及性等差异而有所加剧，可能影响妇女在大数据分析、机器学习、人工智能等行业领域充分施展才能。如果运用带有性别歧视的算法规则，收集和分析劳动者信息和数据，并预测数据主体的需求偏好、业绩表现、发展潜力等特征，那么，所得到的结果就可能有失客观，或带有主观偏见，不利于保护妇女群体在就业市场的权益。数字经济情境下，妇女可以统筹考虑职业发展需求和家庭需要，虽然工作和生活的界限渐趋模糊，但由于妇女在家庭中的关键作用和责任保持不变，在无形中也可能加重了妇女的身心负担。

$$\textcircled{21}$$

数字经济治理体系存在哪些薄弱环节？

数字经济语境下，经济发展模式正衍生演化为社会公共治理范式。数字经济涵盖的范围和主体不断增加，提升了数字经济的复杂性。互联网平台企业、科技公司在自身发展战略、与监管方沟通等方面，仍处于摸索阶段，缺乏成熟、一致的思路和举措。共享单车、网上租车、无人驾驶等领域的平台企业承担了部分公共职能，提供了公共服务，但也引致政策缺位、监管缺失等治理难题,凸显政府应对新经济形态的治理能力不足，对既有的政府监管方式和能力带来挑战，长远看不利于行业的持续健康发展。

世界范围内侵害个人隐私、侵犯知识产权、网络犯罪等时有发生。网络监听、网络攻击、网络恐怖主义活动等成为全球公害。信息技术对个人数据（信息）权的侵害风险，成为促进经营者更高效利用数据激励创新与保护用户隐私安全、社会公共安全及总体国家安全间的两难问题。平台企业未经个人授权、不履行告知义务，以低廉成本甚至零成本收集公民的个人信息和行为数据，通过相应的智能算法，对消费者的性格偏好、兴趣爱好、社交网络等进行数据化，进而将这些数据直接转化为商业利益，甚至产生政治后果 。无序滥采甚至非法采集普通消费者购物习惯、健康状况、活动行程、生活记录、私人关系等数据时有发生，非法数据采集产业、数据倒卖黑色产业链屡禁不止，数据流转过程存在篡改、泄露、窃取等风险，个人隐私得不到有效保障。网络信息内容治理面临严峻挑战。滴滴全球股份有限公司掌握庞大的用户数据，为了消除安全风险隐患，正在积极做整改工作。2022年7月，有关部门依据《网络安全法》《数据安全法》《个人信息保护法》《行政处罚法》等法律法规，对该公司依法作出网络安全审查相关行政处罚的决定，处人民币80.26亿元罚款。互联网技术天然具备平等对话、自由表达、理性批判等精神内核，网络内容监管体系和监管能力有待提高。社会结构网络化、信息渠道多样化背景下，由于法律政策手段滞后，数据交易、处理、共享、利用等环节的规则和指引缺失，取证难度大，所涉利益主体多，数字经济治理面临不小挑战。

围绕数据这一重要生产要素及其权益的竞争日趋激烈，在部分领域形成了垄断势力，推高了数据流动壁垒。条块分割、行业和地域壁垒形成的"数据孤岛"阻碍数据的开放共享和自由流动。当拥有数据优势的企业形成市场支配地位并滥用其支配地位时，即构成数据垄断。数字经济的深化和发展，为资本的野蛮生长和持续积聚提供了便利工具和条件，但拓展了资本在全球的不良影响，不利于竞争政策基础性地位的确立，甚至拉大贫富差距和恶化周期性危机。全球范围内，随着数字经济尤其是平台经济的发展，垄断问题变得更加隐蔽、复杂，分歧更大，影响范围更广，颠覆了反垄断立法、执法过程的评判标准甚至传统概念，使得部分既有的法律法规、治理方式及监管手段难以适用。现行反垄断监管体系和执法方式亟待改善。条块化和属地化分割的传统监管体系与数字经济跨界融合发展不相适应，传统垂直监管模式已不能满足"互联网+"跨界融合发展的需要。传统线下监管的数字化、平台化、网络化监管转型滞后，网络精准监测、跨平台信用体系、大数据治理等监管手段尚处于探索创新阶段。2021年阿里巴巴因"二选一"垄断案作为国内外第一起网络零售平台服务领域垄断案件，对防止平台垄断、规范竞争秩序具有示范作用。

数字经济是虚拟经济，数字经济企业具有有限物理存在特征。相关产品和服务不同程度脱离实物形式，而是以数字形式存在。数字经济商业模式下，企业利用价值和利润创造对无形资产的高度依赖性，有动机和能力向低税地转移利润，造成对一国税基的严重侵蚀。企业所得税普遍存在管辖权划分、应税所得确定、避税控制等挑战。如何确认数字经济主体的利润归属，如何保障一国的征税权，目前仍存在分歧。数字经济在经济门类和产业间具有广泛渗透性，难以单独制定一套税收政策，反避税相关对策的研究成为各国的重要任务。高度发达的数字经济降低了对当地运作实体的依赖程度，跨国商品与服务贸易及国际资本流动规模扩大。为达到避税目标，跨国企业利用数字经济交易主体虚拟性、交易内容数据化等特征，人为减少相应跨国所得的分配份额，将更多利润额转移到无所得税或较低税负国家或地区关联企业账上。数字经济税收规则体系的建立主要是由发达国家主导的,反映了发达国家的比较优势和利益诉求,有待于形成国际共识标准。针对提供数字化服务或广告活动的收入征税,针对数字化交易征收预提税,以及针对数字化企业的流转额征收均衡税等尝试,取决于各国税收协定义务规定等法律结构,或者取决于各国的经济形态,宽严不一,有利有弊,对其他国家并不一定具有普适性。

$$\textcircled{22}$$

数字经济国际合作的主要瓶颈是什么？

数字经济领域的投资保护主义倾向日趋明显。在受数字化影响较大的媒体、运输、电信、金融、专业服务等行业，普遍受到各国政府管制。近年，发达国家强化了对数字经济领域信息技术及相关核心资产（包括数据）的保护，并加大对相关跨国并购的审查力度，尤其加强对技术敏感领域外资收购的审核和干涉。数字经济是各国监管最为集中的领域，数字经济领域跨境投资正面临政策限制，国际间的政策协调亟待加强。部分国家从鼓励本国电子信息制造业发展考虑，对电子、通信设备等的进口加征关税，以达到平衡巨额贸易逆差的目的。随着贸易摩擦的发生以及我国人工、用地等成本增加，一些外资电子厂商开始迁出中国。

从服务、资本、人员流动和规则层面看，我国数字经济在全球价值链中的位势不高，跨国公司的国际化经营水平有待提升，相关市场的全球影响力水平与美国等发达国家还有一定差距。西方发达国家强化对优秀科技人才和研究开发资源的垄断，进一步巩固西方发达国家及其跨国公司对互联网技术的控制力和领先地位，推动信息科技资源向少数发达国家集聚，并尽早、尽多抢占数据资源。西方国家在技术合作和输出方面趋于保守，对信息技术合作及转移制定了更加严厉的限制措施。美国为了巩固数字经济领域既有优势，抵消中国等国家取得的数字经济竞争优势，频频利用传统和非传统手段（如技术壁垒、外资审查、知识产权限制、加征关税、排他性协议等），阻挠中国高技术产业和数字经济发展。为保障美国战略技术的持续领导地位，2020年1月6日起，美国商务部以国家安全的名义，对应用于智能化传感器、无人机、卫星和其他自动化设备的目标识别软件等人工智能软件，采取出口限制措施。此前1年，美国商务部将华为、海康、大华、旷视等中国科技企业列入实体清单。美国还以"印太经济框架"（IPEF）等构想联合、诱导日本、韩国等国家，基于"跨境隐私规则"（Cross-Border Privacy Rules, CBPR）制定新的个人数据传输规则，意图将中国排除在新的数据交换系统以外。这些做法可能加深不同国家间在数据流通等领域的"鸿沟"，并制约我国ICT产业向全球价值链中高端升级，削弱我国跨境电商交易等基于互联网平台以及其他信息通信技术所开展的货物贸易既有优势，并增加了我国高科技企业赴美投资并购的风险挑战。

数字贸易国际规则体系不健全。数字贸易的迅速发展，迫切要求构建全球性的数字贸易规则。但在线交易、跨境物流、跨境支付、电子认证、信用体系、数字贸易争端解决机制等跨境电子商务规则、标准尚未统一。数据跨境流动泛化了数据安全风险，削弱了一国对数据主权的管辖能力；各国跨境数据流动管理政策过于保守，且受限于隐私保护、市场准入、产业能

力、国家安全、地缘政治、国际格局等复杂因素的影响；跨境
数据流动风险评估机制尚不完善，行业性跨境数据流动自律机
制的作用尚未充分发挥，与此可能增加不必要的繁冗手续，加
重相关企业的负担，不利于各国间的数字贸易往来。伴随着自
由化、便利化与保护主义的并行，跨境电商的贸易自由化和便
利化方面有很大的效率提升和改革空间，贸易过程中线长、面
广、环节多，导致时间、人力、财务和财力乃至效率成本居高
不下。少数国家单边思维凸显，各国争相争取本国数字权益，
数字贸易壁垒增多。中国对重塑全球数字贸易格局的引领作用
仍不明显，在数据分类监管、知识产权、消费者隐私保护等领
域的利益诉求得不到有效保障。

第六篇

数字经济健康发展的路径措施

　　不断做强做优做大数字经济，是主动把握未来、赢得长远发展的先手棋，是把握好新一轮科技革命和产业变革新机遇的必然路径。要站在统筹中华民族伟大复兴战略全局和世界百年未有之大变局的高度，统筹国内国际两个大局、发展安全两件大事，充分发挥海量数据和丰富应用场景优势，促进数字技术与实体经济深度融合，赋能传统产业转型升级，催生新产业新业态新模式，不断做强做优做大我国数字经济。

$$\textcircled{23}$$

怎样充分发挥数据要素的作用？

2017 年 12 月，习近平总书记在主持十九届中央政治局第二次集体学习时强调，要制定数据资源确权、开放、流通、交易相关制度，完善数据产权保护制度。2022 年 6 月，习近平总书记主持召开中央全面深化改革委员会第二十六次会议时强调，数据基础制度建设事关国家发展和安全人局，要维护国家数据安全，保护个人信息和商业秘密，促进数据高效流通使用、赋能实体经济，统筹推进数据产权、流通交易、收益分配、安全治理，加快构建数据基础制度体系。

一方面，加快数据要素化，坚持数据开放、市场主导，以数据为纽带促进产学研深度融合，形成数据驱动型创新体系和发展模式，培育造就一批大数据领军企业，培育数据驱动的产融合作、协同创新等新模式；另一方面，推动要素数据化，促进数据驱动的传统生产要素合理配置。可以说，发挥数据的基础资源作用和创新引擎作用，有利于加快形成以创新为主要引领和支撑的数字经济。

一、强化高质量数据要素供给

引导市场主体依法合规采集数据，提升数据规模和管理水平。聚焦数据的标注、清洗、脱密、聚合等环节，加强数据分析，提升数据采集分析和预处理、数据确权、数据安全保护等能力，培育壮大数据服务产业，打造以数据存储、算力供应为中心数据服务全产业链。

推动数据资源标准体系建设。形成涵盖标准化政策数据、文本数据、应用数据等内容的标准化大数据体系，探索面向业务应用的共享、交换、协作和开放，发挥标准化大数据在激发市场标准活力、促进企业标准化发展、提升经济社会各领域标准化建设成效等方面的基础作用。

促进各领域通信协议兼容统一。逐渐解决终端多样化、协议多样化等问题，从底层协议打破壁垒，实现设备、网络和协议的融合互通和互操作，形成完整贯通的数据链，满足不同市场主体的连接、兼容和扩容等需求。

深化政务数据跨层级、跨地域、跨部门、跨系统和跨业务有序共享。健全政务数据共享议事协调机制，完善一体化政务数据共享服务体系。建立健全国家公共数据资源体系，统筹公共数据资源开发利用。构建统一的国家公共数据开放平台和开发利用端口，提升公共数据在辅助政务决策、支撑政府履职和便利群众办理业务等方面的应用。

强化数据安全风险评估、监测预警和应急处置。利用联邦学习、安全多方计算等技术，实现数据所有权和使用权的分离，在对数据"用而不见"的前提下做到高效开发利用。推动数据分类分级管理，明确数据采集、汇聚、存储、备份、共享、开发利用等各环节安全责任主体，建立数据安全评估制度、安全责任认定机制和重大安全事件应急处置机制，切实强化数据安全保障。

二、加快数据要素市场化流通

加快构建更加完善的数据要素市场规则和机制。构建中国特色数据产权制度体系，建立数据资源确权、交易流通等基础性制度和规范，完善多元主体参与、协同共治的数据要素市场治理体系，促进数据要素市场化流通。

建立完善数据定价体系。坚持分级、分类和分阶段的数据确权原则，明确各种数据的所有权、使用权、收益权和处置权。制定数据要素价值评估指南，优化评估流程、评估方法和评估模型，探索数据资产评估全流程的可信、可监控、可追溯，鼓励市场主体探索数据资产定价机制。健全数据资产确认和计量的会计制度，完善数据资产财务核算和审计机制。加强数字资产目录管理，推动完善数据标签和数据资产目录，为更好理解、使用和分析数据资产提供帮助，也为数据要素进入市场流通奠定价值基础。

积极培育数据要素市场。明确数据交易所定位，建设多层次数据交易市场，进一步释放数据要素潜力，加快在北京、上海等地建立完善数据交易所，培育规范的数据交易市场主体，统筹布局数据交易平台建设，建立健全数据资产评估、登记结算、交易撮合、争议仲裁等市场运营体系，创新数据经纪产业、数据信托等交易模式，提升数据交易效率，带动数据要素在区域内有序高效流动。

规范数据交易管理。妥善处理国家数据主权、国家安全、个人信息保护和企业数据产权的关系，通过开放共享或授权运营等方式，合规使用具有公共性质的公共数据。坚持依法合规、安全可控、公平自愿、诚实守信原则，发展数据确权标识、隐私加密计算、智能数据合约、数据应用追踪等技术，加强数据交易的安全合规和交易透明。加强行业自律建设，建立健全争议解决机制和风险防范处置机制。强化数据权利司法保护，依法保护基于数据产品和服务的合法财产性权益，严厉打击数据黑市交易，提升数据交易服务平台防攻击和防破坏能力，营造安全有序的市场环境。

三、创新数据要素开发利用机制

结合数据的内容、规模、类型和特征，坚持需求导向解决实际问题，探索建立多样化、规范化的数据开发利用机制。

支持企业和社会组织等市场力量对数据商业价值进行深度挖掘。推动构建商业数据产品，鼓励开展市场化增值服务，发展专业化的数据服务和支持，通过满足数据消费者个性化的数字需求促进面向场景的技术、数据和业务深度融合。

鼓励重点行业和领域创新数据开发利用模式。在保障用户隐私和确保数据安全基础上，调动大数据平台企业、行业协会、研究机构等多主体参与数据价值开发利用。对允许加工利用的、具有潜在社会效益和经济价值的公共数据和政务数据，通过特许开发、数据开放、授权应用等途径，鼓励社会力量开展多种形式的数据增值开发利用活动。

㉔

怎样加快企业数字化转型升级？

数字化转型已经成为所有行业的必选之路。发挥好新一代信息技术在设备赋智、企业赋值、产业赋能过程重点推动作用，引导各行业的企业梳理流程型和结构化的数字思维，加快业务流程数字化。设立首席数据官，提升员工在企业数字化领域的判断力、领悟力和执行力，聚焦研发、管理、采购、生产、营销、物流及售后服务等业务加速推动数字化转型。

鼓励大型企业打造和应用新一代一体化数字平台。助力企业提升全方位体验能力、数智驱动能力、集约共享能力和开放融合能力，进一步打破"信息孤岛"，实现多系统和全流程的数据融合，贯通企业内部信息系统数据资源，加快全价值链业务协同与创新，激活数据分析的驱动因素，提升数据驱动的智能决策在业务领域的运用广度，提高企业整体运行效率和产业链上下游协同效率。

加快中小企业数字化赋能。深化发展在线办公、运程教育、线上营销等新模式，培育壮大共享制造、智能生产线、个性化定制等制造新业态，推动中小企业从数字化转型需求迫切的环节入手，逐渐向全业务全流程数字化转型延伸拓展，提升中小企业应对危机能力，夯实中小企业可持续发展基础。支持行业龙头企业和"专精特新"企业依托数据链、利益链、产业链和创新链，通过数据增信、融资激励等方式，带动其他中小企业加快数字化转型，让更多中小企业从中得到实惠。鼓励互联网平台等借助自身的数字化资源和能力，为中小企业提供成本低、实用性强的方案设计、数字化知识培训，开启培养数字化转型人才行动。鼓励以合同服务管理模式约定数字化转型目标，中小企业以转型后的收益支付行业龙头企业或专业服务商的前期成本和合理利润，增强中小企业数字化转型意愿，引导中小企业和传统企业积极参与到数字化转型升级过程中。

推行普惠性"上云用数赋智"服务。探索政府、金融机构和企业的良性互动共促机制，从能力扶持、金融普惠、搭建生态等多方面带动鼓励企业，发挥引导系统解决方案供应商为企业提供管用实用的典型应用场景和案例，支持行业龙头企业搭建数字化赋能平台，结合产业链、创新链和供应链的优化，树立数字化转型标杆企业，支持企业上云、上平台，保障数据资产权益和涉及商业秘密的数据安全，降低技术和资金壁垒，进一步打通数字化转型链条，激发企业数字化转型内生动力。

（25）

大力推进产业数字化转型的重点和
方向有哪些？

习近平总书记指出，要推动数字经济和实体经济融合发展，把握数字化、网络化、智能化方向，推动制造业、服务业、农业等产业数字化，利用互联网新技术对传统产业进行全方位、全链条的改造，提高全要素生产率，发挥数字技术对经济发展的放大、叠加、倍增作用。要推动互联网、大数据、人工智能同产业深度融合，加快培育一批"专精特新"企业和制造业单项冠军企业。要推进重点领域数字产业发展，聚焦战略前沿和制高点领域，立足重大技术突破和重大发展需求，增强产业链关键环节竞争力，完善重点产业供应链体系，加速产品和服务迭代。

加快推动数字产业化，就要突出数字引领，全面推进产业化、规模化应用。依靠信息技术创新驱动，不断催生新产业新业态新模式，加快制造业、农业、服务业数字化、网络化、智能化，用新动能推动新发展。围绕建设现代化经济体系、实现高质量发展，加快信息化发展，整体带动和提升新型工业化、城镇化、农业现代化发展。聚焦战略前沿和制高点领域，立足重大技术突破和重大发展需求，增强产业链关键环节竞争力，完善重点产业供应链体系，加速产品和服务迭代。聚焦集成电路、新型显示、通信设备、智能硬件等重点领域，加快锻造长板、补齐短板，培育一批具有国际竞争力的大企业和具有产业链控制力的生态主导型企业，构建自主可控产业生态。要促进集群化发展，打造世界级数字产业集群。

一、全面深化重点产业数字化转型

立足不同产业特点和差异化需求，推动传统产业全方位、全链条数字化转型，提高全要素生产率。

大力提升农业数字化水平。将大数据、物联网、遥感等现代信息技术与农业绿色发展结合，推进农业生产过程全程精细化管理，提升农业加工、销售、物流等各环节数字化水平。创新发展智慧农业，提供精确、动态、科学的"三农"综合信息服务。

纵深推进工业数字化转型。加快推动5G、大数据、云计算、人工智能等新一代信息技术向钢铁、汽车、装备、电子、石化等工业行业领域的融合渗透，不断深化交叉创新。加快推动研发设计、生产制造、经营管理、市场服务等全生命周期数字化转型，通过重塑产业流程和决策机制，提升生产制造过程的数字化和智能化水平，降低产品研发和制造成本，实现产销结合，降低企业成本，提高全要素生产率。深入实施智能制造工程，增强增材制造装备、高档数控机床、工业机器人智能传感与控制装备、智能检测装备等的供给能力。推动工业互联网国家实验室创建，整合资源力量建设智能制造领域技术创新中心、制造业创新中心和工程研究中心等创新载体，在生物医药、石化、汽车、智能家电等重点领域加强示范应用。完善智能制造生态体系，健全完善国家智能制造标准体系，培育推广个性化定制、网络化协同等新模式。

大力发展数字服务化。全面加快医养健康、电子商务、文化创意、精品旅游等生活性服务业重点产业，以及科技研发、智慧物流、商务服务、金融服务等生产性服务业重点产业的数字化转型，优化管理体系和服务模式，加速服务业重点产业领域数字赋能升级，提高服务业的品质与效益。促进数字技术在全过程工程咨询领域的深度应用，推动咨询机构向智慧咨询、精准咨询转型升级。

加快推动智慧能源建设应用。推动钢铁、石化、化工、有色、建材等重点行业企业实现节能降碳和绿色转型，促进能源生产、运输、消费等各环节智能化升级。实施煤电节能降碳改造，推进石化、钢铁等行业节能降碳改造，通过智能化提升生产效率、产品质量、能源资源利用效率。

加快推进国土空间基础信息平台建设应用。充分利用可视化、大数据、人工智能、遥感影像等技术，拓展公众服务、数据资源、政务协同、政务服务、业务管理、综合监管的应用场景。实现卫星遥感数据底图共享，为政府部门提供数据共享和业务工作开展提供便利。开发地图浏览、地图切换、图层叠加、项目查询、图属互查、面积测量等功能，为管理人员提供更加智能化的业务体验。

推动产业互联网融通应用。培育供应链金融、服务型制造等融通发展模式，推广智能化制造、网络化协同、个性化定制、服务化延伸、数字化管理等，持续深化"5G+工业互联网"融合应用，以数字技术促进产业融合发展。

二、推动产业园区和产业集群数字化转型

引导产业园区加快数字基础设施建设。依托5G、人工智能、大数据、工业和产业互联网，推动产业园区开发运营模式、管理模式、服务模式变革，利用数字技术提升园区管理和服务能力。完善"管委会+公司"体制，通过资产划转、参股合作等方式，积极探索产业园区与平台企业一体化开发运营联合体模式，丰富技术、数据、平台、供应链等服务供给，引导各类要素加快向园区集聚。

完善共享制造发展生态。围绕共性转型需求，以创新能力强、行业影响大、带动作用强的共享制造示范平台为引领，深化共享制造在产业集群的应用，推动共享制造平台在产业集群落地和规模化发展，鼓励共享制造平台创新机制，释放闲置资源，推动研发设计、制造能力、物流仓储、专业人才等重点领域开放共享，明显提高集群内生产组织效率。

探索发展跨越物理边界的"虚拟"产业园区和产业集群，加快产业资源虚拟化集聚、平台化运营和网络化协同，以较低的成本为入驻企业提供法律、人力、财务、营销等专业服务和

安全、稳定、快速和优惠的云服务，尽快构建虚实结合的产业数字化新生态。

探索建立各类产业集群跨区域、跨平台协同新机制。依托京津冀、长三角、粤港澳大湾区、成渝地区双城经济圈等重点区域，统筹推进数字基础设施建设，促进创新要素整合共享，减少创新要素流动壁垒，完善区域数字化发展生态，提升产业链供应链协同配套能力。

三、培育转型支撑服务生态

建立市场化服务与公共服务双轮驱动的数字化转型服务生态。发挥技术、数据、人才、资本等多要素的支撑作用，解决企业"不敢转""不会转""不能转""不愿转"难题。

围绕重点行业和企业转型需求，选择有实力的行业标杆企业和优秀的智能制造诊断服务商，系统推出智能制造新技术、新产品、新平台和新解决方案，为企业提供一流的数字化解决方案，提供高端培训、供需合作、产融对接等一站式综合服务。

充分发挥"灯塔工厂"引领示范作用。通过示范企业率先应用智能装备和工业 APP 所取得的成效，为观望企业提供看得见、可实现的技术路线。培育一批深耕转型咨询、标准制定、测试评估等领域的第三方专业化服务机构，提升数字化转型服务市场规模和活力。

建设数字化转型促进中心。依托具备数字化转型共性技术、关键技术，以及数字化转型服务供给能力强的企业，衔接集聚各类资源条件，提供数字化转型公共服务。催生数字化转型支撑技术与产品，开发数字化转型解决方案，探索建立数字化转型的标准和规范，形成一批可复制、可推广的数字化转型模式和典型经验。

$$\boxed{26}$$

如何加快推动数字产业化?

培育壮大大数据、物联网等核心引领产业，超前布局新一代人工智能产业等前沿新兴产业，加快发展新一代信息技术制造业，积极培育高端软件与信息技术服务业等应用服务产业，重点突破关键软件，推动软件产业做大做强，提升关键软件技术创新和供给能力。习近平总书记指出，要加强关键核心技术攻关，牵住自主创新这个"牛鼻子"，发挥我国社会主义制度优势、新型举国体制优势、超大规模市场优势，提高数字技术基础研发能力，打好关键核心技术攻坚战，尽快实现高水平自立自强，把发展数字经济自主权牢牢掌握在自己手中。

一、增强关键技术创新能力

制定全面的信息技术、网络技术研究发展战略。瞄准大数据、人工智能、区块链、网络通信、集成电路、量子信息、传感器、关键软件、新材料等战略性前瞻性领域，通过科技创新2030- 重大项目等取得原创突破，提高数字技术基础研发能力。

紧扣世界科技前沿，进一步强化自主创新理念，集中优势资源突破大数据核心技术，扩大自主产品应用范围，加快构建自主可控的大数据产业链、价值链和创新链。统筹规划政务数据资源和社会数据资源，完善基础信息资源和重要领域信息资源建设，形成万物互联、人机交互、天地一体的网络空间。

积极关注和培育元宇宙相关技术的发展。加强底层核心技术基础能力的前瞻研发，支持满足元宇宙要求的沉浸显示、实时交互、海量连接、巨量通信、边缘计算、传感技术、图像引擎、区块链等技术的攻关。推进深化感知交互的新型终端研制和系统化的虚拟内容建设，鼓励元宇宙在电子游戏、工业制造、安全生产、商务办公、社交娱乐、公共服务等领域的应用。

鼓励发展新型研发机构、企业创新联合体等新型创新主体，打造多元化参与、网络化协同、市场化运作的创新生态，推动形成从基础理论、关键技术到重点场景应用的全链条创新体系。以数字技术与各领域融合应用为导向，出台支持企业发展的政策，推动行业企业、平台企业和数字技术服务企业跨界创新，优化创新成果快速转化机制，加快创新技术的工程化、产业化。支持具有自主核心技术的开源社区、开源平台、开源项目发展，推动创新资源共建共享，促进创新模式开放化演进。

二、提升核心产业竞争力

着力提升基础零部件、基础电子元器件、基础材料等领域核心产品、技术和装备的供给水平，强化关键产品和技术的自给保障能力。

实施产业链强链补链行动。梳理重点产业链，统筹考虑项目审批、要素保障、技术创新、安全生产、生态环保等工作，加强面向多元化应用场景的技术融合和产品创新，提升产业链关键环节竞争力。完善5G、集成电路、新能源汽车、人工智能、工业互联网等重点产业供应链体系，有效提升产业链自主性、可持续性和韧性，推动"强链、补链、固链、延链"取得新进展。

深化大数据、人工智能、云计算、工业互联网等新一代信息技术集成创新突破和融合应用，加快平台化、定制化、轻量化服务模式创新，打造新兴数字产业新优势。

培养一批深耕工业软件、智能传感器、数据安全等领域的"专精特新"中小企业，加大支持力度，协同推进信息技术软硬件产品产业化、规模化应用，加快集成适配和迭代优化，推动软件产业做大做强，提升关键软硬件技术创新和供给能力。

三、加快培育新业态新模式

引导平台经济优化平台功能、服务目标、服务内容。支持平台企业扩大数据共享范围，增强内容、产品等的资源融合共享，深化互联网医疗、协同办公等在线服务的应用。

拓展共享经济在生活服务领域的应用。结合物联网、无人配送技术和智能调度系统等前沿技术，拓展生产、供应链等资源共享新空间，充分调动未有效利用的闲置资源和劳动力，进一步释放共享经济在稳就业和促销费方面的潜力。

发展基于数字技术的智能经济。加快优化智能化产品和服务运营，培育人脸识别、自动驾驶、智慧销售、智能制造等新增长点，依托智能化柔性制造技术完善个性定制、反向定制模式,满足个性化、差异化的消费需求,促使"中国制造"向"中国智造"转型升级,推动世界从互联信息时代进入智能信息时代。

运用区块链技术完善多元价值传递和贡献分配体系,引导抖音、快手等短视频平台发展,规范知识分享、网络直播等新型就业创业平台发展。

营造繁荣有序的产业创新生态。加强资源共享和数据开放,推动创新协同、产能共享。鼓励开源社区、开发者平台等新型协作平台发展,以园区、行业、区域为整体,推进产业创新服务平台建设,提升产业创新服务支撑水平。

（27）

持续提升公共服务数字化水平的路径有哪些？

2016 年 10 月，习近平总书记在十八届中央政治局第三十六次集体学习时，对我国新型智慧城市的建设和发展提出具体要求：以推行电子政务、建设新型智慧城市等为抓手，推进技术融合、业务融合、数据融合。

持续提升公共服务数字化水平，就要加快数字社会、数字政府建设，推动各领域数字化优化升级，全面提升全国一体化政务服务平台功能，推进公共服务资源数字化供给和网络化服务，统筹推动新型智慧城市和数字乡村建设，推动服务设施升级和服务模式创新，打造智慧共享的新型数字生活。

一、提高"互联网＋政务服务"效能

把满足人民对美好生活的向往作为数字政府建设的出发点和落脚点，打造泛在可及、智慧便捷、公平普惠的数字化服务体系，让百姓少跑腿、数据多跑路。

推进政务服务运行标准化、服务供给规范化、企业和群众办事便利化。加快实现政务服务标准统一、线上线下服务协同、数据资源融合共享，持续提升政务服务数字化、智能化水平，实现利企便民高频服务事项"一网通办"。

建立健全政务数据共享协调机制。建立完善政务服务统一身份认证系统，加快电子证照、电子签章、电子公文等互信互认，建立电子证照签发以及跨地区跨层级互通互认、异议处理、反馈纠错规则机制，强化部门之间、部门与地方之间、地方之间政务数据双向共享，提高数据质量和可用性、时效性。

推动政务服务线上线下整体联动、全流程在线、向基层深度拓展。统筹网上办事入口，规范网上办事指引，提升网上办事深度，提供线上线下并行服务，推动更多政务服务事项"网上办、掌上办"，提升智慧化精准化个性化服务水平。开展政务数据与业务、服务深度融合创新，打造主动式、多层次创新服务场景，满足不动产登记、社会保障、户籍管理、市场主体准入准营等重点领域以及法人、信用、住房等普遍性数据需求。

二、提升社会服务数字化普惠水平

加快推动公共服务资源的数字化、网络化、智能化和多元化发展，促进文化教育、体育健身、医疗健康和会展旅游等领域优质资源共享复用。

充分运用新型数字技术，强化民生领域供需对接，进一步优化就业、养老、儿童福利、托育、家政等领域的资源配置。支持智能终端、服务机器人、虚拟现实等技术在景区、酒店等场所消费场景中的应用，鼓励发展数字图书馆、数字文化馆、虚拟博物馆。

工业园区指挥城市运行管理中心实景

发展智慧广电网络。以有线、无线、卫星、互联网等多种手段协同承载为依托，以云计算、大数据、物联网、人工智能等综合数字信息技术为支撑，推进全国有线电视网络整合和升级改造，完善 4K 产业体系，利用 5G 技术传播，加快实现广播电视的智慧化生产、传播、服务和监管。深入开展电信普遍服务试点，提升农村及偏远地区网络覆盖水平。加强信息无障碍建设，提升面向特殊群体的数字化社会服务能力。

加强面向革命老区、民族地区、边疆地区、脱贫地区的远程服务，开展发达地区和欠发达地区全方位、多领域的在线对接，拓展教育、医疗、社保、对口帮扶等服务内容，助力基本公共文化服务的普惠公平。

三、推动数字城乡融合发展

统筹推动新型智慧城市和数字乡村建设，协同优化城乡公共服务，利用数字化手段助力提升城乡基本公共服务水平，逐步缩小城乡基本公共服务差距。

深化新型智慧城市建设。全面推动新一代信息技术与城市发展深度融合，完善智能网联汽车标准体系，推动研制先进驾驶辅助系统等标准。强化数据智能、信息模型等共性赋能支撑和平台整合，推动城市数据整合共享和业务协同。推动智慧城市网络化、智能化新模式，加强地下管网及相关市政设施的深度感知与智能监测，完善城市运行管理服务平台，因地制宜构建数字孪生城市，推动实现智慧城市全要素的数字化和孪生化。

加快城市智能设施向乡村延伸覆盖。完善农村地区信息化服务供给，加快宽带网络、4G网络覆盖步伐，为农村数字教育、智能生活提供了基础条件。支持开展"数字城乡融合发展"试点示范，推进城乡要素双向自由流动，合理配置公共资源，形成以城带乡、共建共享的数字城乡融合发展格局。

四、打造智慧共享的新型数字生活

加快既有住宅和社区设施数字化改造。以智慧物业建设为抓手，统筹打造智能垃圾箱、智能充电桩、智能停车场等公共设施，合理布设社区智能末端配送、智能安防、智慧康养等终端设施，让社区、小区更聪明、更智慧，打造有温度和归属感的数字家园。

引导智能家居产品互联互通。依托建筑装潢、网络通信、设备自动化等技术，拓展智能产品应用，促进家居产品与家居环境智能互动，让家庭生活更舒适、安全、有效和节能。

创新发展"云生活"服务。深化人工智能、虚拟现实、8K 高清视频等技术的融合，拓展展览、购物、娱乐等领域的应用，引导大型体育场馆和设施导入云转播等科技元素，鼓励重大文化活动上云，提升场景消费体验，促进生活消费品质升级。鼓励建设智慧服务生活圈，推动智能售货机、智能饮料机等各类智慧零售终端发展，建设一批管理智能、交易便捷、体验升级的智慧菜场。

（28）

健全完善数字经济治理体系需要采取
哪些措施？

习近平总书记在十九届中央政治局第三十四次集体学习时讲话指出，要完善数字经济治理体系，健全法律法规和政策制度，完善体制机制，提高我国数字经济治理体系和治理能力现代化水平。要完善主管部门、监管机构职责，分工合作、相互配合。要改进提高监管技术和手段，把监管和治理贯穿创新、生产、经营、投资全过程。要明确平台企业主体责任和义务，建设行业自律机制。要开展社会监督、媒体监督、公众监督，形成监督合力。2022 年 4 月，习近平总书记主持召开中央全面深化改革委员会第二十五次会议时强调，要全面贯彻网络强国战略，把数字技术广泛应用于政府管理服务，推动政府数字化、智能化运行，为推进国家治理体系和治理能力现代化提供有力支撑。

健全完善数字经济治理体系，关键措施在于加强政策、监管、法律的统筹协调，加快法规制度建设，强化跨部门、跨层级、跨区域协同监管，创新数字化治理方式，依法依规夯实监管责任，构建更加规范有序、公平竞争的数字经济发展环境，带动数字经济持续、健康、规范发展。2021 年中央经济工作会议提出要为资本设置"红绿灯",目的就在于明确资本运行所要遵循的法律和市场规则。

一、强化协同治理和监管机制

统筹健康发展和科学监管,规范数字经济发展。探索完善适应数字经济健康发展的制度体系和治理方式,创新协同治理模式。

坚持包容审慎监管。推进灵活适度的协同监管和开放透明的高效监管,强化跨部门、跨区域、跨层级协同监管,明确监管范围、主体、规则和标准,加强协调配合和分工合作。结合技术、市场和监管的不同需求,探索建立监管沙箱,引导数字经济规范有序发展,稳定市场预期,在试错、容错中鼓励数字经济深化创新创造,激发数字经济市场主体活力和科技创新能力,提高数字经济竞争程度和效率水平。

健全科学规范的数字经济制度体系。响应数字经济参与主体的制度需求,适度扩大数字经济制度激励发挥作用的范围,瞄准数字经济发展需求变革知识产权制度,促进数字经济科研成果转化,依法依规促进数据高效共享和有序开发利用,统筹推进技术融合、业务融合、数据融合,进一步释放市场主体创新活力和内生动力。优化数字经济营商环境,分类清理规范与数字经济发展不相适应的资质资格、行政许可等事项。

强化以信用为基础的数字经济市场监管。建立完善信用档案,建立各平台间的守信激励与失信联合惩戒的机制,提高个体失信成本。积极提高第三方信用服务的权威性、科学性和可靠性，推进政企联动、行业联动的信用共享共治。

加快建立全方位、多层次、立体化监管体系。加强跨部门、跨区域分工协作，探索开展跨场景跨业务跨部门联合监管，创新基于新技术手段的监管模式，实现事前事中事后全链条全领域监管，提升监管的开放、透明、法治水平，有效打击数字经济领域违法犯罪行为。

二、增强政府数字化治理能力

运用信息化手段推进政务公开、党务公开，加快推进电子政务，构建全流程一体化在线服务平台，更好解决企业和群众反映强烈的办事难、办事慢、办事繁的问题。

构建协同高效的政府数字化履职能力体系。加大政务信息化建设统筹力度，强化政府数字化治理和服务能力建设，以数字化改革助力政府职能转变，统筹推进各行业各领域政务应用系统集约建设、互联互通、协同联动，有效发挥对经济调节、社会管理、鼓励创新、保护消费者权益、生态环境保护等方面职能的支撑作用。建立完善基于大数据、人工智能、区块链等新技术的统计监测和决策分析体系，提升数字经济治理的精准性、协调性和有效性。

加快构建数字政府全方位安全保障体系。全面强化数字政府安全管理责任，推进完善风险应急响应处置流程和机制，强化重大问题研判和风险预警，提升系统性风险防范水平。

三、完善多元共治新格局

建立完善政府、平台、企业、行业组织和社会公众多元参与、有效协同的数字经济治理新格局，形成治理合力，鼓励良性竞争，维护公平有效市场。

积极推动数字经济有关税收顶层设计的完善，营造公平公正的数字经济征税环境。构建税收数据中心，持续提升税收征管智能化水平，利用区块链技术确保企业与税收相关数据的唯一性和不可篡改性，减少公司通过增加支出、调整成本侵蚀税基的可能性。

健全共享经济、平台经济和新个体经济管理相关制度规范。完善数字经济公平竞争监管制度，预防和制止滥用行政权力排除限制竞争。明确平台企业主体责任和义务，审查平台企业利用非法服务条款对用户施加不公平交易条件的行为，统筹创新激励和消费者权益维护的关系，依法查处垄断和不正当竞争行为。

引导社会各界积极参与推动数字经济治理。发挥智慧社会、数字治理的透明、高效优势，畅通多元主体诉求表达和权益保障渠道。开展社会监督、媒体监督、公众监督，维护公众利益和社会稳定。

四、完善妇女参与数字经济的政策体系

提升数字经济时代妇女就业能力，要用好《提升全民数字

素养与技能行动纲要》《2022 年提升全民数字素养与技能工作要点》的政策红利，培养具有数字意识、计算思维、终身学习能力和社会责任感的女性劳动者，因地制宜发展适合妇女的特色产业，培育女性高端数字人才，提高数字经济时代妇女的适应力、胜任力、创造力和竞争力。

推动数字化转型人才队伍建设，拓宽数字技能培训渠道。深化教育改革，完善能力与技能双重培养计划，重构职业教育。依托城乡社区综合服务设施，推动数字培训向西部地区、偏远山区延伸，开展面向妇女的数字技能培训，整体提升妇女数字学习、生活和工作的素养与技能。推动平台企业共享直播带货、电商运营等培训内容，提升女性创业者和管理者的数字化经营管理能力。结合数字技能认证体系与终身教育服务平台建设，开发面向女性群体的线上线下学习资源，设计适应妇女就业需求、符合相关标准的能力框架、课程体系，为女性劳动者持续提升数字技能提供便利条件。

建立适应新型就业形势的劳动保障制度，保障妇女就业权益。支持灵活就业人员和新就业形态劳动者参加社会保险和提高社会保障水平，完善就业服务管理。数字经济条件下，妇联、工会等组织发挥作用，要聚焦妇女就业群体的工作和生活需求，发挥各级妇联、工会在关心关怀、调节维权等方面的作用，提升归属感和幸福感，切实维护数字经济各领域妇女的合法权益，为其就业创业提供更加充分、公平的支持。

支持引导平台企业在拓宽职业晋升渠道等领域履行相关

责任，鼓励妇女干事创业。因地制宜加大企业创新激励力度，引导关注妇女就业群体的长远发展。这方面，美团外卖的"站长培养计划"作了有益的探索。据报道，在这家企业，女骑手可晋升至站长等岗位；全国范围内的站点管理岗位（站长、副站长、站长助理等）中，在 2022 年初已有 37% 由女性担任。应促进不同行业企业开展经验总结和交流推广，营造全社会关注并积极帮助妇女参与数字经济、实现自我价值的浓厚氛围。

㉙

强化数字经济安全体系的着力点有哪些？

虽然互联网具有高度全球化的特征，但每一个国家在信息领域的主权权益都不应受到侵犯，互联网技术再发展也不能侵犯他国的信息主权。在信息领域没有双重标准，各国都有权维护自己的信息安全，不能一个国家安全而其他国家不安全，一部分国家安全而另一部分国家不安全，更不能牺牲别国安全谋求自身所谓绝对安全。2016 年 10 月，习近平总书记在主持十八届中央政治局第三十六次集体学习时强调，要正确处理安全和发展、开放和自主、管理和服务的关系，不断提高对互联网规律的把握能力、对网络舆论的引导能力、对信息化发展的驾驭能力、对网络安全的保障能力，把网络强国建设不断推向前进。2017 年 12 月，习近平总书记在主持十九届中央政治局第二次集体学习时强调，要加大对技术专利、数字版权、数字内容产品及个人隐私等的保护力度，维护广大人民群众利益、社会稳定、国家安全。

完善数字经济安全体系建设的重点方向和领域，在于统筹传统安全和非传统安全，处理好安全和发展的关系，加强政企协同联动，加强数字经济安全风险预警、防控机制和能力建设，不断提升网络安全风险整体防控能力，实现核心技术、重要产业、关键设施、战略资源、重大科技、头部企业等安全可控，在严守安全底线的前提下为新业态发展留足空间。

一、增强网络安全防护能力

加强网络安全基础设施建设。强化风险报告、情报共享、研判处置，动态优化电子认证、数据加密、容灾备份等网络安全技术。促进拟态防御、数据加密等网络安全技术应用，有效防御"挖漏洞""设后门""植病毒""藏木马"等基于软硬件内部漏洞后门的经典网络攻击。

提升网络安全应急处置能力。完善网络空间日常巡检机制，提高网络安全态势感知预警、应急指挥、协同处置和攻击溯源能力。优化网络安全事件应急处置预案，加强网络安全等级保护和密码应用安全性。科学评估界定关键基础设施的边界与范围，加强重要行业领域关键信息基础设施网络安全防护能力，综合运用管理、技术、法律宣传等手段加强内部自身能力建设，构建关键信息基础设施的外部保护屏障。

加大网络安全产品研发与设计的投入。加快推出一系列安全产品与服务，强化针对新技术、新应用的安全研究管理，推广使用安全可靠的信息产品、服务和解决方案。加快发展网络安全产业体系，打造网络信息安全产业主体聚集区，在通用芯片、密码、电磁防护、大数据安全、工控安全、云计算安全、安全服务等领域构建企业产业共生的完整产业链。打造安全产品运营与研发基地，为新产业新业态新模式健康发展提供保障。

二、提升数据安全保障水平

建立健全数据安全治理体系。加快数据安全制度供给，研究完善数据安全管理政策。优化数据资源全生命周期管理和分级分类保护机制，研究推进数据安全标准体系建设，对行业开展数据安全管理提供指导和规范，规范数据采集、传输、存储、处理、共享和销毁，实时动态追踪数据安全风险。

依法依规加强政务数据安全保护。做好旅游、教育、交通、医疗等领域政务数据开放和社会化利用的安全管理，改变政务数据安全建设碎片化、数据共享交换权责不清的局面。加强关键信息基础设施安全保护，强化国家关键数据资源保护能力，推动提升重要设施设备的安全可靠水平，增强数据安全预警和溯源能力。依法依规做好网络安全审查、云计算服务安全评估等，降低采购使用关键信息基础设施带来的网络安全风险，增强重点行业数据安全保障能力。

完善数据隐私保护和安全审查制。健全完善数据跨境流动安全管理相关制度规范，明确外国公司披露软件源代码和算法的具体情形和要求。规范个人数据应用程序提供商或个人数据空间提供商等新型数据中介机构的运行。强化个人信息保护，规范身份信息、隐私信息、生物特征信息的采集、传输和使用。

三、切实有效防范各类风险

强化数字经济安全风险综合研判。防范各类风险叠加可能引发的经济风险、技术风险和社会稳定问题。完善互联网信息内容管理等法律法规，依法治理网络空间。发现并通报涉及电信、金融、物流等重点行业信息系统及诊疗记录、健康码、人脸识别等领域的安全监管漏洞，切断网络犯罪利益链条，维护人民群众合法权益。

引导企业在法律合规、数据管理、新技术应用等领域完善自律机制，鼓励社会资本投向原创性、引领性创新领域，避免盲目跟风炒作和同质化竞争。规范数字金融有序创新，严防衍生业务风险。探索建立适应区块链技术机制的安全保障体系，引导和推动区块链开发者、平台运营者加强行业自律，落实安全责任。

从多维度解决"数字鸿沟"问题。增强数字经济成果的可及性，制定并及时更新数据共享责任清单，为所有人开放式接入互联网提供均等机会。健全外卖骑手、网约车司机、家政保洁、直播销售员等灵活就业人员参加劳动者权益保障制度和社会保险制度，完善灵活就业的工伤保险制度，推进灵活就业人员参加住房公积金制度试点，有效保障新业态从业人员休息权。建立新业态企业劳动保障信用评价、守信激励和失信惩戒等制度。健全完善针对未成年人、老年人等各类特殊群体的网络保护机制，加快数字经济红利普惠共享。

$$30$$

拓展数字经济国际合作需采取哪些有效措施？

习近平总书记在十九届中央政治局第三十四次集体学习时要求，要积极参与数字经济国际合作，主动参与国际组织数字经济议题谈判，开展双多边数字治理合作，维护和完善多边数字经济治理机制，及时提出中国方案，发出中国声音。

有效拓展数字经济合作，就要加强国际数据治理政策储备和治理规则研究，提供更多中国方案、中国倡议，本着相互尊重和相互信任的原则，通过积极有效的国际合作，共同构建和平、安全、开放、合作的网络空间，建立多边、民主、透明的国际互联网治理体系，与世界各国携手打造开放、公平的数字经济发展环境。

一、加快贸易数字化发展

以数字化驱动贸易主体转型和贸易方式变革，营造贸易数字化良好环境。完善数字贸易促进政策，加强制度供给和法律保障，通过建设数字经济示范区促进世界范围内投资和贸易发展。

探索放宽数字经济新业态准入。加大服务业开放力度，积极引进优质外资企业和创业团队，引进全球服务业跨国公司在华设立研发设计中心、采购结算中心、仓储物流中心、运营管理中心等。

大力发展跨境电商。通过加大出口退税等政策支持力度，进一步助力跨境电商发展。深入研究海外市场的政治环境、风俗习惯、物流基础、消费者习惯，做好合规建设，避免同质化恶性竞争。培育壮大一批优秀产业园区、海外仓领军企业和跨境电商龙头企业，打造跨境电商生态圈。

二、推动"数字丝绸之路"深入发展

巩固数字经济合作伙伴关系。高水平建设中国—东盟智慧城市示范产业园，高质量推动中国—东盟智慧城市合作。优化中国—中东欧电子商务合作对话机制，深化中国—中东欧数字经济合作。围绕多双边经贸合作协定，加快培育数字贸易新增长点，构建贸易投资开放新格局。

统筹开展境外数字基础设施合作。从我国现实需求和发展需求出发，探索共建联合实验室和国际技术转移中心，有选择、有重点地参加国际大科学装置和科研基地等的建设和利用。结合当地条件，开展跨境光缆建设合作，构建安全便利的国际互联网数据专用通道和国际化数据信息专用通道，大幅缩短互联网通信时延，促进基础设施互联互通，为广泛开展数字经济合作提供基础保障。

加大金融、物流、电子商务等领域的合作模式创新。推动平台企业深度参与国际竞争，在全球范围内提升数据存储、智能计算等新兴服务能力。大力鼓励数字经济独角兽企业和平台经济主体"走出去",积极参与国际合作。

三、积极构建良好国际合作环境

加强网络空间国际合作。积极维护网络空间主权,推动以联合国为主渠道、以联合国宪章为基本原则制定数字和网络空间国际规则,使之更加法治化、市场化、规范化、便利化、高端化和国际化,倡导构建和平、安全、开放、合作、有序的网络空间命运共同体。

开展数字经济标准国际协调和合作。依托双边和多边合作机制,提升我国在全球数字经济治理体系中的主动权和话语权。围绕多边税收合作、市场准入、数字人民币、数据跨境流动、数据隐私保护等重大问题,研究制定符合我国国情的数字经济相关标准和治理规则。

深化政府间数字经济政策交流对话。积极引入西方国家数字经济领域的高质量生产要素,主动扩大进口、补齐短板,取长补短、互相借鉴,提高我自力更生能力。建立多边数字经济合作伙伴关系,设立由数字经贸领域专业人士组成的民间协会,增进了解,增强互信,促进政府间的数字经济监管合作。主动分享数字技术抗疫的技术、知识和经验,拓展前沿领域合作。

共同维护网络空间和平安全。防范非法采集他国公民个人信息,遏制滥用信息技术对他国进行大规模监控,反对利用信息技术破坏他国关键基础设施或窃取重要数据。尊重他国主权、司法管辖权和对数据的管理权，国家间缔结的跨境调取数据双边协议不得侵犯第三国司法主权和数据安全，健全打击网络犯罪司法协助机制。

第七篇

新型基础设施建设

习近平总书记在十九届中央政治局第三十四次集体学习时强调，要加快新型基础设施建设，加强战略布局，加快建设高速泛在、天地一体、云网融合、智能敏捷、绿色低碳、安全可控的智能化综合性数字信息基础设施，打通经济社会发展的信息"大动脉"。

《中共中央关于制定国民经济和社会发展第十四个五年规划和二〇三五年远景目标的建议》对新时代系统布局新型基础设施提出了明确要求。随着数字经济的蓬勃发展和科技革命的日新月异，新型基础设施的内涵和外延比历史上任何时候都要丰富，其发展变化必将贯穿人类科技发展的全过程和各领域，也必将持续推动和重构人类社会的跨越式发展和螺旋式上升。新型基础设施建设事关经济增长，更关系到"十四五"规划的实施乃至全面建设社会主义现代化国家的进程。

$$\left(31\right)$$

推动新型基础设施建设有哪些重要意义？

新型基础设施是以新发展理念为引领，以技术创新为驱动，以信息网络为基础，面向高质量发展需要，提供数字转型、智能升级、融合创新等服务的基础设施体系，包括信息基础设施、融合基础设施和创新基础设施三个方面。建设集约高效、经济适用、智能绿色、安全可靠的新型基础设施是现代化基础设施体系的重要组成部分。推进新型基础设施建设兼顾短期有效需求和长期有效供给，对于扩大有效需求、应对风险挑战、推动高质量发展，具有重要意义。

一、推进新型基础设施建设成为持续扩大国内需求的工作重点

持续扩大国内需求越来越需要以新型基础设施作为支撑点和重点。未来一个时期，随着国内市场主导国民经济循环特征越来越明显，经济增长的内需潜力将不断释放。加快新型基础设施建设有利于扩大国内需求。

一方面，第五代移动通信技术（5G）、人工智能、大数据、工业互联网、物联网等新型基础设施本身将带来几万亿甚至十几万亿投资需求。比如，5G建设包括了芯片、器件、材料、

精密加工等硬件以及操作系统、云平台、数据库等软件；特高压涉及直流特高压和交流特高压，交流特高压又涉及高压变压器、互感器等数十个产业。5G、工业互联网、人工智能、云计算、边缘计算以及数据中心之间互为需求，呈现产业间的循环拉动效应，进而催生更大的投资需求。另一方面，新型基础设施建设具有不可估量的叠加效应和乘数效应，带动产业链上下游和各行业的应用前景广阔，经济社会效益显著。结合国内市场规模优势的充分发挥，5G等新一代信息技术作为支撑经济社会数字化、网络化、智能化转型的最关键新型基础设施，正带来车联网、无人驾驶、共享出行、在线会议办公等快速技术进步和大规模商业应用；工业互联网支撑传统制造业的数字化改造和智能制造的发展；物联网保障城市公共服务基础设施的智能化提升。在新冠肺炎疫情推动部分行业和市场主体重塑商业模式、组织形态和业务流程的情景下，基于网络数字技术的新业态、新模式支撑了新型消费逆势快速发展，进而激发更多新增需求。

二、推进新型基础设施建设是顺应经济高质量发展趋势的必由之路

当前，我国已转向高质量发展阶段。新型基础设施适应社会主要矛盾转化和经济高质量发展要求，以新一代数字化技术为依托，推动生产、分配、流通、消费等各环节的贯通，提升

供给体系对国内需求适配性,注重发挥需求对供给的牵引作用,从而增强发展的平衡性、协调性和可持续性。通过促进经济良性循环和供需动态平衡,新型基础设施提升了国民经济的整体水平和效能。高质量发展越来越依赖重大新型基础设施提供强大的动力和动能。

新型基础设施是我国发展数字经济、战略性新兴产业、现代服务业所必需的基础平台,是推动产业链生态整体良性发展的关键环节。通过发挥平台的网络效应、基础效应和赋能效应,新型基础设施催生一系列新技术、新产品、新模式、新业态,深刻影响产业结构和经济形态,成为推动传统产业转型升级、引领新兴产业发展壮大的重要驱动力。立足世界科技发展的前沿水平,加快推进新型基础设施建设,有利于带动相关产业快速发展,提高经济质量效益和核心竞争力,为经济高质量发展提供新动能,体现了经济高质量发展的核心要求和政策取向。

三、推进新型基础设施建设是落实"十四五"规划和实现 2035 年远景目标的战略举措

落实"十四五"规划和实现 2035 年远景目标需要新型基础设施提供抓手和牵引。《中共中央关于制定国民经济和社会发展第十四个五年规划和二〇三五年远景目标的建议》要求,系统布局新型基础设施,加快第五代移动通信、工业互联网、大数据中心等建设。从未来 15 年看,加快建

设适度超前的新型基础设施，直接提高基础设施供给质量，增加长期有效供给，有助于把握数字化、网络化和智能化融合发展契机，推动夯实实体经济长远发展的基础，开创制造强国和网络强国建设新局面。这一战略举措具有综合性、全局性、战略性、系统性、专业性、先导性、创新性、融合性等特征。

新型基础设施从创新发展、区域均衡、效率提升等方面，对全面建设社会主义现代化国家形成重要支撑。与传统基础设施比较，新型数字基础设施建设对土地、资源要素的需求相对不强，而是更加倚重新一代信息技术、应用场景、资本及人才等要素投入。新型数字基础设施相关的项目选择、布局选址和融资投资符合产业升级要求，满足新型工业化、信息化、城镇化、农业现代化同步发展需要，为经济长期增长培育新的增长动力。加快推进新型数字基础设施建设为缩小东西部差距提供强大动力。贵州、宁夏等西部省份数字经济增速近年来名列前茅，充分说明欠发达地区超前谋划新型数字基础设施建设，可以推动经济社会加快转型升级。从抗击新冠肺炎疫情的历程来看，新型基础设施为提高我国经济的强度和韧性提供了新机遇，显著提升了经济社会运行效率，推动了生产力的较快恢复和发展，为我国经济长期稳定发展、顺利实现"十四五"规划和2035年远景目标提供了持久动力。

四、推进新型基础设施建设是抢占全球科技竞争制高点的基础条件

世界仍然处于以信息产业为主导的经济发展时期。抢占全球科技竞争制高点越来越需要以新型基础设施作为平台和依托。1993年9月，时任美国总统克林顿将信息基础设施建设提到国家战略高度，推出跨世纪的"国家信息基础设施"工程，计划用20年时间通过网络连接全世界。事实证明，这一庞大的基础设施建设工程，让美国获得了持久的竞争力。近年，美国提出优先发展的人工智能战略方向，确定长期投资发展人工智能；欧盟加快开展6G网络的研究与资金投入，以期成为下一代通信技术的领跑者；韩国于2019年4月率先开始了5G的大规模商用。未来一段时期，5G、工业互联网、人工智能等成为主要国家加紧战略布局的重点领域。世界各国都在发力抢占技术高地、加快相关产业布局，准备迎接新一轮的全球科技革命和产业变革。

全球正处于科技竞争格局未定和重大科技突破的窗口期。加快新型基础设施建设已刻不容缓。能否把握数字化、网络化、智能化融合发展契机，加快新型基础设施建设，成为全面建设社会主义现代化国家的基础和关键，决定了能否在全球互联网经济和高科技产业竞争中胜出。在把握自身发展新支撑点和世界科技发展新趋势的基础上，我国作出推进新型基础设施建设的战略决策。正如1998年增发特别国债、加强基础设施建设奠定我国经济的快速腾飞一样，适度超前

的新型基础设施建设作为创新发展的新引擎，将加快与先进制造、新能源、新材料等领域的交叉融合，引发群体性、颠覆性技术突破，辐射、带动整体经济社会发展，从而形成强大的国际竞争力，并为全球经济稳定提供"压舱石"。

$$32$$

推进新型基础设施建设有什么优势和条件？

推动新型基础设施建设符合政策导向，有关部门积极推动新型基础设施建设，多个地方正积极规划新型基础设施建设蓝图，新型基础设施建设步入发展快车道，这些优势奠定了未来15年推进新型基础设施建设的制度框架和物质基础。

一、新型基础设施建设重点方向逐渐明确

加快推动新型基础设施建设，是未来15年全面建设社会主义现代化国家的重要发力点。党中央、国务院高度重视这项工作。2018年中央经济工作会议提出，加快5G商用步伐，加强人工智能、工业互联网、物联网等新型基础设施建设；2019年《政府工作报告》提出，加强新一代信息基础设施建设；2019年7月，中央政治局会议强调，加快推进信息网络等新型基础设施建设；2020年1月，国务院常务会议提出，出台信息网络等新型基础设施投资支持政策；2020年2月，中央全面深化改革委员会第十二次会议指出，统筹存量和增量、传统和新型基础设施发展，打造集约高效、经济适用、智能绿色、安全可靠的现代化基础设施体系；2020年3月，中共中央政治局常务委员会会议强调，加快5G网络、数据中心等新型基

础设施建设进度；2020年《政府工作报告》提出，重点支持"两新一重"（新型基础设施建设，新型城镇化建设，交通、水利等重大工程建设）建设。2020年中央经济工作会议再次强调，大力发展数字经济，加大新型基础设施投资力度。上述顶层设计层面的擘画，为有关部门和地方加快推进新型基础设施建设指明了方向。

二、新型基础设施政策体系初步形成

2020年，国家发展改革委发布《〈关于推进"上云用数赋智"行动 培育新经济发展实施方案〉的通知》《关于支持新业态新模式健康发展 激活消费市场带动扩大就业的意见》《关于加快构建全国一体化大数据中心协同创新体系的指导意见》等文件，并与工业和信息化部联合印发《关于组织实施2020年新型基础设施建设工程(宽带网络和5G领域)的通知》。2020年3月，工业和信息化部召开加快5G发展专题会，加快新型基础设施建设。工业和信息化部在《关于推动工业互联网加快发展的通知》中，明确提出加快国家工业互联网大数据中心建设，鼓励各地建设工业互联网大数据分中心；改造升级工业互联网内外网络，鼓励工业企业升级改造工业互联网内网，引领5G技术在垂直行业的融合创新；增强完善工业互联网标识体系，拓展网络化标识覆盖范围，进一步增强网络基础资源支撑能力；提升工业互联网平台核心能力，引导平台增强5G、人工智能、区块链、增强现实/

虚拟现实等新技术支撑能力。2020年8月，交通运输部印发《关于推动交通运输领域新型基础设施建设的指导意见》，提出到2035年，交通运输领域新型基础设施建设取得显著成效，智能列车、自动驾驶汽车、智能船舶等逐步应用。

多地踊跃规划新型基础设施建设蓝图。2020年以来，各地陆续发布新型基础设施建设行动方案，主动为当地培育经济社会发展新动能提供强力支撑。比如，在《四川省加快推进新型基础设施建设行动方案（2020—2022年）》《福建省新型基础设施建设三年行动计划（2020—2022年）》《广东省推进新型基础设施建设三年实施方案（2020—2022年）》《青岛市推进新型基础设施建设行动计划（2020—2022年）》等蓝图中，各地准确把握各类新型基础设施发展的共性规律和个性特征，统筹推进信息基础设施、创新基础设施和融合基础设施加快发展。

三、新型基础设施发展取得一定成效

新型基础设施以整体优化、协同融合为导向，稳步推进，取得非凡成效。从全球看，多国掀起5G建设热潮；从国内看，工业互联网、车联网、远程医疗等广泛领域正在加快5G商用进程，基础电信企业正在建设覆盖全国所有地市的高质量外网。工业互联网、人工智能、物联网、数据中心等建设和应用推广形成突破，技术先进、功能强大的网络、计算和融合类新型基础设施逐渐形成。涵盖芯片、软件、运营商、云服务和解决方

案提供商等主题的产业生态日益兴起，产业链日臻完善，产业力量日趋加强。云平台建设正在积极布局，端、网、云业务闭环初步形成。我国已建成全球最大的窄带物联网（NB-IoT 网络），水表、燃气表、电动自行车防盗等行业实现了超过千万级连接，智能井盖、追踪定位和智慧路灯等行业实现了超过百万级连接，规模应用的持续出现催生了广阔的市场前景。

有关地方结合自身实际，正在取得丰硕成果。北京国际大数据交易所作为我国首家新型数据交易所，正推动数据交易产业新型业态和服务机构的培育，支持数据托管、数据跨境、数据资产化等创新业务开展。近年来，贵州的贵阳市作为全国大数据综合试验区的核心区，部署了"万物感知、广泛连接、存算一体、数字安全"四大支撑体系，所形成的新型数字基础设施供给格局具有技术多样、层级丰富、模式创新的特点；福建依托数字福建产业园优先布局大型和超大型数据中心，打造闽东北、闽西南协同发展区数据汇聚节点；浙江提出优化布局云数据中心，到 2022 年建成大型、超大型云数据中心 25 个左右，服务器总数达到 300 万台左右，并在数据量大、时延要求高的应用场景集中区域部署边缘计算设施；云南提出到 2022 年建成 10 个行业级数据中心；上海实施《产业绿贷支持绿色新型基础设施（数据中心）发展指导意见》，为优质的数据中心项目提供贷款利率下浮等精准的金融服务。

$$\textcircled{33}$$

如何认识新型基础设施建设的目标构想和
发展愿景?

推进新型数字基础设施建设应立足当下、着眼未来。其全新的数字化技术体系,不仅发端于当前世界科技发展的前沿水平,而且通过新技术的产业应用,积极拓展新型基础设施应用场景。预计在未来 15 年,新型基础设施建设高速发展,产业规模持续扩大,应用范围不断提升,有力推进我国新基建建设、网络强国和数字中国战略的落地实施。

一、建成全球领先的信息基础设施发展高地

信息基础设施主要基于新一代信息技术演化生成,包括以5G、物联网、工业互联网、卫星互联网为代表的通信网络基础设施,以人工智能、云计算、区块链等为代表的新技术基础设施,以数据中心、智能计算中心为代表的算力基础设施等。

预计到 2035 年,5G 与卫星、无人机等多样化技术快速融合,移动物联网技术与其他网络技术加速融合创新,窄带物联网等物联网技术商用部署和业务测试加快进行;6G、天地一体化广域量子通信网等新的网络技术稳定成熟和普及推广;信息枢纽、新型互联网交换中心、国际互联网数据专用通道等规

划建设加快推进，端到端网络性能持续提升；超算、云计算、边缘计算等不同形态智能计算设施布局合理；公共云服务体系初步形成，全社会算力获取成本显著降低，算力资源、数据资源向智力资源高效转化的态势基本形成；全国范围内数据中心形成布局合理、协同创新、绿色集约的基础设施一体化格局，数据中心集约化、规模化、绿色化水平显著提高，东西部数据中心实现结构性平衡；贯穿基础网络、数据中心、云平台、数据、应用等一体协同安全保障体系加快构建。

二、打造具有国际影响力的融合基础设施

融合基础设施主要是指深度应用互联网、大数据、人工智能等技术，支撑传统基础设施转型升级，进而形成的融合基础设施。

预计到 2035 年，新型基础设施与传统基础设施加快跨界融合发展，园区、码头、工厂、矿区以及道路等场景覆盖进一步延展；网上办公、远程教育、远程医疗、车联网等应用向纵深发展，智能交通、智慧城市、智能家居、智能制造及智慧能源等应用场景和商业模式快速迭代；工业设备联网上云、业务系统云化迁移推广普及，智能抄表、智慧建筑、市政物联、交通物流、广域物联、工业物联等应用场景的泛在感知设施部署重点推进；量子通信在国家安全、金融等信息安全领域的应用价值和前景进一步彰显，优势进一步保持。

三、统筹布局重大科技、产业技术等创新基础设施

创新基础设施重点支撑科学研究、技术开发、产品研制，且具有公益属性，包括重大科技基础设施、科教基础设施、产业技术创新基础设施等。

预计到 2035 年，布局完整、技术先进、运行高效、支撑有力的创新基础设施体系基本建成。国家重点实验室、国家科学中心、国际科技创新中心等重要载体为引领的重大科技基础设施集群基本形成，一大批科教基础设施的技术指标居国际领先地位；产业技术创新基础设施共建、共管、共享的体制机制更加完善，运行和使用效率整体进入世界前列，设施整体国际影响力和地位显著提高；设施科技效益和经济社会效益显著，人工智能、量子信息、集成电路、生命健康、脑科学、生物育种、空天科技、深地深海等前沿领域国家重大科技项目取得重大成果，重要产品和关键核心技术攻关取得突破，新一代信息技术、生物技术、新能源、新材料、高端装备、新能源汽车、绿色环保以及航空航天、海洋装备等产业实现集群发展。

(34)

怎样把握推进新型基础设施建设面临的
矛盾和问题？

由于缺乏总体性的新型基础设施的统筹规划和顶层设计，新型基础设施的可及性不足，应用场景有待开发，投融资机制有待完善，安全运行的防护压力持续加大。

一、新型基础设施的覆盖质量和范围有待突破

新型基础设施在布局、建设、保护，以及与传统型基础设施间的协调发展等方面，缺乏总体设计。我国已在技术的应用层面取得突破，但在底层技术上与发达国家相比还有不小差距。工业互联网关键技术受制于人的隐患客观存在，工业网络协议市场、高端工业软件市场等仍被国外厂商垄断，边缘智能和工业应用开发等关键技术瓶颈突出。从互联网覆盖面、网速、每百万人拥有安全的互联网服务器等指标看，新型基础设施在人均水平和质量与发达国家的差距非常明显，网络覆盖仍需深化。窄带物联网的网络覆盖范围和覆盖质量仍然有限，无法实现对特定应用场景的深度覆盖，无法满足物联网中高速率的应用需求。"东数西算"工程面临计算设施能耗高、异构算力资源融合不够、分布式算力资源调度困难等问题。

二、新型基础设施的应用场景有待开发

在一些领域，新型基础设施的数字经济应用场景"雷声大雨点小"。新型基础设施的产业发展以供给方为主，行业供需对接有待加强。窄带物联网的规模化应用领域仍然较少，急需从公共事业等领域向新的应用领域拓展。新型基础设施相关产业基础薄弱、产业协同性不强、产业链附加值低，不但影响产业链、供应链的"韧性"，而且削弱经济安全"强度"。

三、新型基础设施的投融资机制有待完善

新型基础设施不仅在具体项目和对应领域上不同于传统基础设施，而且其系统复杂程度也完全不同于传统基础设施，其产品往往兼具私人物品、公共物品和准公共物品的多种属性。从既往实践看，新型基础设施的投资前景主要取决于市场化投资的响应程度。然而，一些地方政府主动承担投资责任，在新型基础设施投资上采取包揽一切重大项目、全面安排投资计划的做法，对民间投资造成挤出效应。如果同类新型基础设施投资一拥而上，就会导致投资项目过度趋同，短期内造成需求过大甚至供给结构性短缺，长期还可能引起结构性过剩等问题。

四、新型基础设施安全运行的防护压力持续加大

当前，对新型基础设施可靠性要求越来越高。新型基础设

施具有网络化特性，可靠运行非常关键，但由于新型基础设施是依托新一代信息技术和信息网络发展而来的，随着新一代信息技术的加速迭代演进，新型基础设施相应呈现迭代式发展的特性。技术的迭代性和不确定性，决定了部分新型基础设施的可靠性不足。数字经济时代最大的风险来自数据安全。随着网络攻击对象更加广泛，攻击手段更加多样，攻击门槛不断降低，安全防护需求剧增，新型基础设施正面临越来越严峻的网络安全形势。

（35）

如何加快推进新型基础设施建设？

未来 15 年，立足构建适应高质量发展需要的互联互通网络环境，全面推动高速率、全覆盖、智能化的网络基础设施建设，重点支持引领性、颠覆性技术研发，全方位深化融合发展，持续拓展应用场景开发，推出一批投资规模大、带动能力强的重点项目，确保在未来 15 年的竞争中获得并保持新优势。

一、积极部署信息基础设施

以高速泛在、天地一体、云网融合、智能敏捷、绿色低碳、安全可控为目标，加快建设信息网络基础设施。注重基础支撑，有序推进骨干网扩容，适度超前布局第五代移动通信（5G）、工业互联网、大数据中心等新型基础设施，构建适应高质量发展需要的互联互通环境。

一是实现 5G 信号全覆盖。加快布局建设 5G 应用产业园，打造一批 5G 产业融合应用示范区。让 5G 赋能工业互联网，推动 5G 与人工智能深度融合，重点推进低时延、高带宽、广覆盖、可定制的"5G+ 工业互联网"网络基础设施、示范园区和区域性平台建设。牢牢把握新一轮科技革命和产业变革带来的历史性机遇，推动 5G 商用部署和规模应用，抢占数字经济发展主动权。

二是构建新型互联网交换中心。推动互联网国际出入口核心节点、国际互联网根服务器镜像节点等新型国际化信息基础设施建设。推动 IPv6 规模化部署。优化国家互联网骨干直连点布局，推进国家级新型互联网交换中心建设，鼓励通信运营商积极建设弹性韧性兼备、敏捷安全的承载网络，提升电信运营商和互联网企业互联互通质量，逐步扩大千兆光网覆盖面。

三是建设协同发展的移动物联网综合生态体系。加快布局卫星通信网络，提高物联网覆盖水平。持续加大窄带物联网建设覆盖范围，引导新增物联网终端向窄带物联网、5G 迁移。在工业制造、农业生产、公共服务、应急管理等领域，增强固移融合、宽窄结合的物联接入能力，加快建成协同发展的移动物联网综合生态体系。

四是支持引领性、颠覆性技术研发。充分发挥全域感知和精准识别的技术优势，打造全域感知体系与物联终端数字化标识体系。研究开发新型分布式数据库，协同设计大数据中心体系总体架构和发展路径，完善"数网""数纽""数链""数脑""数盾"等体系。充分利用已有北斗卫星导航定位基准站网，推动建设全国统一的高精度时空基准服务能力，全力推进北斗规模化应用。密切关注第六代移动通信（6G）等新的网络技术发展，进一步支持 6G 技术研发，前瞻布局 6G 网络技术储备，积极参与推动 6G 国际标准化工作。探索加快量子通信骨干网建设，着力构建天地一体化广域量子通信网。

二、拓展融合基础设施应用场景

坚持应用导向、需求导向，面向特定市场主体发布应用场景项目清单，进一步丰富应用场景。加快探索体系化、综合性场景应用，稳步构建智能高效的融合基础设施，发挥 5G 网络、数据中心、工业互联网、物联网等应用在医疗健康、媒体娱乐、工业生产等领域的先导性作用，推进机器视觉、机器学习等技术应用，提升支撑"智能＋"发展的行业赋能能力，加强互联网平台在国民经济重点行业的融合创新。

一是加快工业企业"上云用数赋智"。建设可靠、灵活、安全的工业互联网基础设施，着力发挥工业互联网对传统产业的赋能和效益倍增作用，支撑制造资源的泛在连接、弹性供给和高效配置，推进制造模式、生产方式以及企业形态变革。加速企业数字化、智能化转型，提高制造业数字化、网络化、智能化发展水平。构建从设备到生产线，再到车间，直至到工厂的数字化典型范式，带动产业转型升级，增强使用工业互联网的用户黏性。

二是加快推进智慧城市建设。鼓励有条件地区加强车路网协同的基础设施建设，加快推进智慧供水、智慧管廊、智慧物业、智慧社区建设，提升市政公用设施和建筑智能化水平。加快应用城市大数据创新成果，加快形成统一规范、互联互通、安全可靠的城市数据供应链，打通城市数据感知、分析、决策和执行环节，持续推动融合基础设施通用、共享。

三是建设智慧能源系统。加快推进智能变电站建设，全面提升配网自动化和智能化水平。构建适应大规模新能源接入的智能电网，开展风光储一体化等新能源微电网技术研发，加快建设电网数字化平台和能源大数据平台，建设能源区块链平台和电力物联网。合理布局电动汽车智慧充电桩、换电站，适度超前推进氢燃料电池车辆加氢设施建设。

四是持续推进智慧交通建设。加快建设交通强国，加快布局城际高速铁路和城际轨道交通等新型基础设施建设。建设数字交通体系，统筹推进公路、城市道路、铁路、地铁、民航、邮政等基础设施智能化升级，发挥覆盖全国路网的道路交通地理信息系统的基础作用，大幅提升交通运输领域新型基础设施精准感知、精确分析、精细管理和精心服务能力，打造智慧轨道交通、智慧停车等平台。完善综合运输大通道、综合交通枢纽和物流网络，统筹推进跨区域基础设施建设，加快城市群和都市圈轨道交通网络化，不断提升中心城市和重点城市群的基础设施智能化互联互通水平。

五是促进智慧农业跨越式发展。推动农林牧渔业基础设施和生产装备智能化改造，推广物联网、大数据、云计算等信息技术在农机装备和农机作业服务中的应用，依托北斗导航定位系统和5G通信系统,继续探索建立无人作业农场。打造高标准、规模化的5G智慧农业产业集群，完善农村商贸流通数字化升级，建设城乡物流配送体系。支持适应不同作物和环境的智能农机研发应用，促进农业全流程、全产业链线上一体化发展。

六是构建先进普惠、智能协作的生活服务数字化融合设施。推广无人超市、无人货架、智能便利店等新零售模式，支持餐饮企业、农贸批发市场创新开展"网上餐厅""网上菜场"等新业态新模式，引导叮咚买菜、盒马鲜生等平台企业发挥示范作用。加快推进互联网医院建设，不断提升体育公共服务数字化水平，促进教学资源网络共享。充分满足老年人等群体的特殊需求，打造智慧共享、和睦共治的新型数字生活。

三、加快发展创新基础设施

围绕服务器芯片、云操作系统、云数据库、中间件、分布式计算与存储、数据流通模型等环节，加强对关键技术产品的研发支持，鼓励产业力量联合攻关，加快科技创新突破和安全可靠产品应用，实现新型基础设施建设的项目化、产业化、功能化、产品化，不但满足应用、产业等发展需求。

一是完善重大创新载体及科技基础设施。面向新兴和未来产业发展需求，加快谋划、布局重大科技基础设施和产业技术创新基础设施，建设若干具有世界影响力的高科技园区和一批创新型特色园区，促进全球领先的技术、研究成果、人才及资本加速向我国集聚。持续推进长三角工业互联网一体化发展示范区建设。

二是建设开源开放平台。围绕人工智能等关键技术和重点领域组织实施重大科技专项，支持龙头企业与高校、科研院所联合建设区块链实验室、创新中心、新型研发机构等创新平台。面向自动驾驶、智能制造、智慧城市、政务服务、语言智能等重点新兴领域，提供体系化的人工智能服务。开展区块链核心技术攻关，搭建区块链开源底层软件平台，完善核心框架，丰富组件库和工具集，为用户构建高性能、高可信、高安全的新型数字基础设施。

三是打造先进算力基础设施。结合全国一体化算力网络国家枢纽节点建设和"东数西算"工程的实施，加快构建边缘计算、云计算、超算协同的多层次计算体系，建设存储多元、算力开放、算法多样的存算一体化基础设施，引导大型、超大型数据中心向国家算力枢纽节点集聚，建成数据中心集群，构建算力、算法、数据、应用资源协同的全国一体化大数据中心体系和算力服务体系。推进算网融合发展，实现数据共享交换平台跨层级、跨地域、跨系统、跨部门、跨业务的协同管理和服务，合理规划布局数据资源安全交互区，面向政府、企业和公众提供低成本、广覆盖、可靠安全的算力服务。

四是强化算力统筹和云网协同。推动智能计算中心有序发展，打造智能算力、通用算法和开发平台一体化的新型智能基础设施，力争实现系统高性能计算和智能计算混合精度计算能力保持世界领先水平。建设标准统一的算力评估体系，优化算力交易和调度。推进云网协同发展，提升数据中心跨网络、跨地域数据交互能力，加强面向特定场景的边缘计算能力。

五是持续提升数据中心可再生能源利用水平。合理布局建设备类数据中心，优化数据中心存量资源。持续推进绿色数字中心建设，加快推进数据中心节能改造，按照绿色、低碳、集约、高效的原则，支持建设具有自主核心创新能力的绿色数据中心。鼓励研发应用电源效率提升、高效制冷等新技术，借助自发自用、本地储能、提升清洁能源效率和错峰供电等手段，提高能源使用率，保障用电供电的稳定。

36

怎样为新型基础设施发展营造良好的外部环境？

立足推进新型基础设施建设在"十四五"规划落实和全面建设社会主义现代化国家中的基础性作用，做好未来 5 年和未来 15 年规划布局和建设任务有序衔接，营造新型基础设施跨越式发展的外部环境，以系统性思维加强顶层设计，创新新型基础设施投融资模式和机制，坚持安全和发展双轮驱动，全方位保障新型基础设施推进的整体性、关联性和耦合性，力争实现短期和长期相衔接、存量和增量相统筹、渐进和突破相促进、整体和重点相统一。

一是运用系统性思维加强顶层设计。有效研判未来科技革命的方向、演变路径及重点领域，顺应世界科技发展的新趋势，在可能发生革命性突破的前沿方向和战略必争领域，对新型基础设施建设发展作出适度超前规划。从全生命周期的角度，系统安排项目的探索预研、筹备论证、启动建设、完善提升等，强化新型基础设施建设与"十四五"规划和2035 年远景目标的时序衔接，根据发展需要和产业潜力，明确新型基础设施建设的重点环节和优先顺序，最大限度地发挥设施建设运行的经济社会效益。搭建国家新型基础设施开放创新平台，壮大新型基础设施产业联盟，培育具有区域优势的新型基础设施产业集群，培育支持一批具有示范性、引领性和标志性的应用示范项目，加快提升新型基础设施支撑能力和融合创新引领能力。

二是夯实新型基础设施发展的基础制度和标准规范。构建适应新型基础设施建设的标准体系，加强重点领域标准供给，分类制定关键性、基础性标准，探索完善智慧城市联网应用标准。建立新型基础设施评估体系，定期评估发展成效，发布新型基础设施发展指数。积极参与新型基础设施领域国际规则和标准制定，深化各国新型基础设施在基础支撑、数据服务和融合应用方面的协作，推进数据技术、标准、园区、人才培养等领域合作的试点示范，加速"一带一路"跨境陆海缆建设，沿途积极开展国际新型基础设施建设或合作运营。

三是创新新型基础设施投融资模式和机制。引导各地从实际需求和财力出发，确定不同的新基建投资发展重点。做好新型基础设施项目的技术和经济可行性分析，加强成本收益评估，防范项目重复建设，避免造成无效投资、产能过剩和社会资源浪费。发挥财政资金的引导作用，落实提高企业研发费用税前加计扣除比例等相关财税优惠政策，出台企业数字化转型的专项补贴和税收减免政策，改善与新基建投资相关的营商环境。尊重市场规律，以市场化投资建设为主，充分发挥市场配置资源的决定性作用，探索数据、技术等资源市场化配置机制，发挥各类科技创新和成果转化专项基金、贷款的作用。发挥好各类中介服务机构的作用，引导民间资本设立工业互联网产业基金，支持资本参与水电路网等城市设施智慧化改造。支持多元主体参与建设，鼓励不同市场主体开展合作，充分发挥企业在新型基础设施建设运行过程中的投资者、建设者、应用者作用，采用使用者付费＋可行性缺口补助方式实现商业化运营。鼓励金融机构创新产品、强化服务，组织制定网络安全保险行业标准及规范，发挥基础设施领域不动产投资信托基金（REITs）的作用。

四是坚持安全和发展双轮驱动。自主创新、安全可控是新型基础设施建设运行的重要前提。同步规划、同步建设和同步运行网络安全设施，将数据安全理念贯穿新型数字基础设施规划、建设、运营、维护和使用的各环节，支持网络安全技术研发和产业持续发展壮大，提升应对高级威胁攻击能力。重视数据安全、计算安全、产业链安全，明确新型基础设施运行安全管理相关主体、部门的技术要求和管理责任，完善工业互联网企业网络安全分类分级指南和制度标准，落实分段、分级、分层的可靠性保障机制。切实推进商用密码等技术应用，积极推广可信计算。完善安全技术监测体系和安全信息通报处置机制，加快研究完善海量数据汇聚融合的风险识别与防护技术、数据脱敏技术、数据安全合规性评估认证、数据加密保护机制及相关技术监测手段等，构建城市风险源监测与应急响应综合性安全管控体系。做好高烈度网络攻击的防范应对，建设数字孪生城市网络空间安全靶场，通过实网攻防演练等开展安全测评，减少因系统错误、设备故障、外力破坏等因素影响新型基础设施的正常运行，提升极端条件下应对能力。

参考文献

[1] 习近平：《不断做强做优做大我国数字经济》，《求是》2022 年第 2 期。

[2] 习近平：《国家中长期经济社会发展战略若干重大问题》，《求是》2020 年第 21 期。

[3]《求是》杂志编辑部：《发展我国数字经济的科学指引》，《求是》2022 年第 2 期。

[4]《中华人民共和国国民经济和社会发展第十四个五年规划和 2035 年远景目标纲要》，中国政府网，http://www.gov.cn/xinwen/2021–03/13/content_5592681.htm。

[5]《国务院关于印发"十四五"数字经济发展规划的通知》，中国政府网，http://www.gov.cn/zhengce/content/2022–01/12/content_5667817.htm。

[6] 周振华：《经济高质量发展的新型结构》，《上海经济研究》2018 年第 9 期。

[7] 杨英杰等：《新中国 70 年经济发展经验理论研究述评》，《行政管理改革》2019 年第 29 期。

[8] 高建昆等：《建设现代化经济体系 实现高质量发展》，

《学术研究》2018 年第 12 期。

[9]荆文君等：《数字经济促进经济高质量发展：一个理论分析框架》，《经济学家》2019 年第 2 期。

[10]刘宇：《互联网对国民经济影响的定量分析》，《中央财经大学学报》2010 年第 12 期。

[11]杨汝岱：《大数据与经济增长》，《财经问题研究》2018 年第 2 期。

[12]汤正仁：《以数字经济助力现代化经济体系建设》，《区域经济评论》2018 年第 4 期。

[13]张磊等:《中国互联网经济发展与经济增长动力重构》，《南京社会科学》2016 年第 12 期。

[14]陈林芬等：《网络消费者行为与电子商务服务质量的关系》，《消费经济》2005 年第 21 期。

[15]杨新铭等：《数字经济：传统经济深度转型的经济学逻辑》，《深圳大学学报（人文社会科学版）》2017 年第 34 期。

[16]付宏等:《创新对产业结构高级化影响的实证研究——基于 2000—2011 年的省际面板数据》，《中国工业经济》2013 年第 9 期。

[17]王一鸣：《大力推动我国经济高质量发展》，《人民论坛》2018 年 3 月下。

[18]王玉柱：《数字经济重塑全球经济格局——政策竞赛和规模经济驱动下的分化与整合》,《国际展望》2018 年第 4 期。

[19]何宏庆：《数字金融：经济高质量发展的重要驱动》，

《西安财经学院学报》2019 年第 2 期。

[20] 熊鸿儒：《数字经济时代反垄断规制的主要挑战与国际经验》，《经济纵横》2019 年第 7 期。

[21] 张涛等：《新发展理念助推中国经济向高质量发展转型》，《河北学刊》2019 年第 10 期。

[22] 刘友金等：《"弯道超车"：新时代经济高质量发展路径创新》，《湖南科技大学学报（社会科学版）》2018 年第 1 期。

[23] 邓子纲等：《论习近平高质量发展观的三个维度》，《湖湘论坛》2019 年第 1 期。

[24] 李晓华：《数字经济新特征与数字经济新动能的形成机制》，《改革》2019 年第 11 期。

[25] 王伟玲等：《我国数字经济发展的趋势与推动政策研究》，《经济纵横》2019 年第 1 期。

[26] 张新红：《数字经济与中国发展》，《电子商务》2016 年第 11 期。

[27] 何枭吟：《数字经济发展趋势及我国的战略抉择 》，《中外企业》2013 年第 3 期。

[28] 康铁祥：《中国数字经济规模测算研究》，《当代财经》2008 年第 3 期。

[29] 张景先：《数字经济发展的几个关键点》，《人民论坛》2018 年 10 月中。

[30] 龚晓莺等：《当代数字经济的发展及其效应研究》，

《电子政务》2019 年第 8 期。

[31] 高运根：《数字经济面临的税收挑战》，《国际税收》2014 年第 10 期。

[32] 向坤：《从数字经济视角看数字丝绸之路建设的内涵、结构和发展路径》，《西部论坛》2017 年第 6 期。

[33] 陈兵：《法治阈下数字经济发展与规制系统创新》，《上海大学学报（社会科学版）》2019 年第 4 期。

[34] 向书坚等：《OECD 数字经济核算研究最新动态及其启示》，《统计研究》2018 年第 1 期。

[35] 刘荣军：《数字经济的经济哲学之维》，《深圳大学学报（人文社会科学版）》2017 年第 4 期。

[36] 孙德林：《数字经济的本质与后发优势》，《当代财经》2004 年第 12 期。

[37] 徐清源等:《国内外数字经济测度指标体系研究综述》，《调研世界》2018 年第 11 期。

[38] 张伯超等：《"一带一路"沿线国家数字经济发展就绪度定量评估与特征分析》，《上海经济研究》2018 年第 1 期。

[39] 何立峰：《大力推动高质量发展　积极建设现代化经济体系》，《宏观经济研究》2018 年第 7 期。

[40] 辜胜阻等：《创新驱动与核心技术突破是高质量发展的基石》，《中国软科学》2018 年第 10 期。

[41] 肖宇等：《风险投资与高质量发展：基于省级面板数据的实证检验》，《西南金融》2019 年第 6 期。

[42] 惠志斌：《5G 与数字经济》，《探索与争鸣》2019年第 9 期。

[43] 刘方等：《数字经济发展：测度、国际比较与政策建议》，《青海社会科学》2019 年第 4 期。

附　　　录

附表 1 数字经济法规政策和部门规章一览表

序号	类别	名称	发布主体	发布时间	来源	链接
1	法律	中华人民共和国民法典	全国人大	2020 年 6 月	中国政府网	http://www.gov.cn/xinwen/2020-06/01/content_5516649.htm
2	法律	中华人民共和国电子商务法	全国人大	2018 年 8 月	中国政府网	http://www.gov.cn/xinwen/2018-08/31/content_5318220.htm
3	法律	中华人民共和国个人信息保护法	全国人大	2021 年 8 月	中国政府网	http://www.gov.cn/xinwen/2021-08/20/content_5632486.htm
4	法律	中华人民共和国数据安全法	全国人大	2021 年 6 月	中国政府网	http://www.gov.cn/xinwen/2021-06/11/content_5616919.htm
5	行政法规	中华人民共和国国民经济和社会发展第十四个五年规划和 2035 年远景目标纲要	全国人大	2021 年 3 月	中国政府网	http://www.gov.cn/xinwen/2021-03/13/content_5592681.htm
6	行政法规	促进大数据发展行动纲要	国务院	2015 年 9 月	中国政府网	http://www.gov.cn/zhengce/content/2015-09/05/content_10137.htm
7	行政法规	促进大数据发展行动纲要	国务院	2015 年 7 月	中国政府网	http://www.gov.cn/zhengce/content/2015-07/04/content_10002.htm
8	行政法规	新一代人工智能发展规划	国务院	2017 年 7 月	中国政府网	http://www.gov.cn/zhengce/content/2017-07/20/content_5211996.htm
9	行政法规	关于深化"互联网＋先进制造业"发展工业互联网的指导意见	国务院	2017 年 11 月	中国政府网	http://www.gov.cn/zhengce/content/2017-11/27/content_5242582.htm
10	行政法规	关于构建更加完善的要素市场化配置体制机制的意见	中共中央国务院	2020 年 3 月	中国政府网	http://www.gov.cn/zhengce/2020-04/09/content_5500622.htm

序号	类别	名称	发布主体	发布时间	来源	链接
11	行政法规	关于新时代加快完善社会主义市场经济体制的意见	中共中央国务院	2020年5月	中国政府网	http://www.gov.cn/zhengce/2020−05/18/content_5512696.htm
12	行政法规	"十四五"数字经济发展规划	国务院	2022年1月	中国政府网	http://www.gov.cn/zhengce/content/2022−01/12/content_5667817.htm
13	部门规章和文件	关于运用大数据加强对市场主体服务和监管的若干意见	国务院办公厅	2015年7月	中国政府网	http://www.gov.cn/zhengce/content/2015−07/01/content_9994.htm
14	部门规章和文件	关于深入实施"互联网+流通"行动计划的意见	国务院办公厅	2016年4月	中国政府网	http://www.gov.cn/zhengce/content/2016−04/21/content_5066570.htm
15	部门规章和文件	国家信息化发展战略纲要	中共中央办公厅、国务院办公厅	2016年7月	中国政府网	http://www.gov.cn/xinwen/2016−07/27/content_5095297.htm
16	部门规章和文件	科学数据管理办法	国务院办公厅	2018年4月	中国政府网	http://www.gov.cn/zhengce/content/2018−04/02/content_5279272.htm
17	部门规章和文件	关于促进平台经济规范健康发展的指导意见	国务院办公厅	2019年8月	中国政府网	http://www.gov.cn/zhengce/content/2019−08/08/content_5419761.htm
18	部门规章和文件	关于发展数字经济稳定并扩大就业的指导意见	国家发展改革委等	2018年9月	中国政府网	http://www.gov.cn/zhengce/zhengceku/2018−12/31/content_5435095.htm
19	部门规章和文件	关于加快推进虚拟现实产业发展的指导意见	工业和信息化部	2018年12月	工业和信息化部网站	https://www.miit.gov.cn/zwgk/zcwj/wjfb/dzxx/art/2020/art_45561910e63545a3baa736825fb1ab6d.html

序号	类别	名称	发布主体	发布时间	来源	链接
20	部门规章和文件	关于加快培育共享制造新模式新业态 促进制造业高质量发展的指导意见	工业和信息化部	2019年10月	工业和信息化部网站	https://www.miit.gov.cn/zwgk/zxwj/wjfb/zh/art/2020/art_8f82f9a4c4434ff79a5a9e4009cc4e68.html
21	部门规章和文件	关于推进"上云用数赋智"行动 培育新经济发展实施方案	国家发展改革委中央网信办	2020年4月	中国政府网	http://www.gov.cn/zhengce/zhengceku/2020-04/10/content_5501163.htm
22	部门规章和文件	国务院反垄断委员会关于平台经济领域的反垄断指南	国务院反垄断委员会	2021年2月	中国政府网	http://www.gov.cn/xinwen/20211-02/07/content_5585758.htm
23	部门规章和文件	"十四五"信息化和工业化深度融合发展规划	工业和信息化部	2021年11月	工业和信息化部网站	https://www.miit.gov.cn/zwgk/zcwj/wjfb/tz/art/2021/art_117ccbb3dd4f4a27b21d988fbaa8b625.html
24	部门规章和文件	"十四五"推进国家政务信息化规划	国家发展改革委	2021年12月	中国政府网	http://www.gov.cn/zhengce/zhengceku/2022-01/06/content_5666746.htm
25	部门规章和文件	"十四五"国家信息化规划	中央网络安全和信息化委员会	2021年12月	中国政府网	http://www.gov.cn/xinwen/2021-12/28/content_5664873.htm
26	部门规章和文件	建设高标准市场体系行动方案	中共中央办公厅、国务院办公厅	2021年1月	中国政府网	http://www.gov.cn/zhengce/2021-01/31/content_5583936.htm
27	部门规章和文件	互联网信息服务算法推荐管理规定	网信办工工业和信息化部公安部市场监管总局	2021年12月	中国政府网	http://www.gov.cn/zhengce/zhengceku/2022-01/04/content_5666429.htm

附表 2 地方数字经济相关政策一览表

序号	地方	文件
1	北京	北京市"十四五"信息通信行业发展规划
		北京市促进数字经济创新发展行动纲要（2020—2022 年）
		北京市"新智造 100"工程实施方案（2021—2025 年）
		北京市关于打造数字贸易试验区的实施方案
		北京国际大数据交易所设立工作实施方案
		北京市数据中心统筹发展实施方案（2021—2023 年）
		北京市支持卫星网络产业发展的若干措施
		北京市"十四五"时期智慧城市发展行动纲要
		数字经济领域"两区"建设工作方案
		北京市智能网联汽车政策先行区总体实施方案
2	天津	天津市加快数字化发展三年行动方案（2021—2023 年）
		天津市智慧城市建设"十四五"规划
		天津市一体化政务服务平台移动端建设工作方案（2022—2023 年）
		天津市新型基础设施建设三年行动方案（2021—2023 年）
		天津市制造业数字化转型三年行动方案（2021—2023 年）
		天津市产业链高质量发展三年行动方案（2021—2023 年）
		天津市数据交易管理暂行办法
3	河北	关于大力发展工业互联网平台加快推进工业化和信息化深度融合的工作方案
		河北省促进中小企业"专精特新"发展若干措施
		河北省一体化政务服务平台移动端建设方案
4	山西	山西省政务数据资源共享管理办法
		山西省政务云管理办法
		山西省切实解决老年人运用智能技术困难工作方案
		山西省推进北斗卫星导航系统应用产业发展若干措施
		山西省加快 5G 融合应用实施方案
		山西省未来产业培育工程行动方案
		山西省"十四五"大数据发展应用规划
		山西省数字化场景拓展行动方案

序号	地方	文件
5	内蒙古	关于促进制造业高端化、智能化、绿色化发展的意见
		内蒙古自治区"十四五"工业和信息化发展规划
6	辽宁	辽宁省"十四五"科技创新规划
		辽宁省"十四五"数字政府发展规划
		数字辽宁发展规划（2.0版）
		辽宁省先进装备制造业"十四五"发展规划
7	吉林	吉林省战略性新兴产业发展"十四五"规划
		吉林省电子信息产业发展"十四五"规划
		吉林省制造业数字化发展"十四五"规划
		关施"专精特新"中小企业高质量发展梯度培育工程的意见于实
8	黑龙江	黑龙江省支持数字经济加快发展若干政策措施
		黑龙江省新一轮科技型企业三年行动计划（2021—2023年）
		黑龙江省"十四五"数字经济发展规划
		黑龙江省"十四五"数字政府建设规划
		黑龙江省"十四五"科技创新规划
		黑龙江省大数据产业发展规划（2021—2025年）
		黑龙江省"十四五"工业和信息化技术创新发展规划
9	上海	上海市电子信息产业发展"十四五"规划
		上海城市数字化转型标准化建设实施方案
		上海市智能网联汽车测试与应用管理办法
		新时期促进上海市集成电路产业和软件产业高质量发展的若干政策
		推进上海生活数字化转型 构建高品质数字生活行动方案（2021—2023年）
		推进上海经济数字化转型 赋能高质量发展行动方案（2021—2023年）
		推进治理数字化转型实现高效能治理行动方案
		上海城市数字化转型标准化建设实施方案
		上海市人民政府关于促进本市高新技术产业开发区高质量发展的实施意见
		关于进一步加快智慧城市建设的若干意见
		上海市数据条例

序号	地方	文件
10	江苏	关于全面提升江苏数字经济发展水平的指导意见
		江苏省公共数据管理办法
		关于加快统筹推进数字政府高质量建设的实施意见
		江苏省制造业智能化改造和数字化转型三年行动计划
		江苏省"十四五"新型基础设施建设规划
		江苏省"十四五"数字经济发展规划
		江苏省"十四五"数字政府建设规划
		江苏省以新业态新模式引领新型消费加快发展实施意见
		江苏省"产业强链"三年行动计划（2021—2023年）的通知
11	浙江	浙江省数字化改革总体方案
		浙江省经济和信息化领域推动高质量发展建设共同富裕示范区实施方案（2021—2025年）
		长三角区域一体化发展信息化专题组三年行动计划(2021—2023年)
		浙江省推进医疗卫生服务领域数字化改革提升患者就医体验暨实施进一步便利老年人就医举措工作方案（2021—2023年）
		浙江省切实解决老年人运用智能技术困难实施方案
		浙江省智能电气产业集群发展指导意见（2021—2025年）
		浙江省数字经济发展"十四五"规划
		浙江省数字政府建设"十四五"规划
		浙江省信息通信业发展"十四五"规划
		浙江省数字基础设施发展"十四五"规划
		浙江省区块链技术和产业发展"十四五"规划
		浙江省数字乡村建设"十四五"规划
		数字化改革标准化体系建设方案(2021—2025年)
12	安徽	安徽省专精特新中小企业倍增行动方案
		加快"数字皖农"建设若干措施
		安徽省工业互联网创新发展行动计划（2021—2023年）
		安徽省"十四五"电子信息制造业发展规划
		安徽省"十四五"软件和信息服务业发展规划
		安徽省"十四五"智能家电（居）产业发展规划
		安徽省政务数据资源管理办法

序号	地方	文件
13	福建	福建省做大做强做优数字经济行动计划（2022—2025 年） 福建省"十四五"数字福建专项规划 福建省"十四五"科技创新发展专项规划 福建省大数据发展条例
14	江西	江西省公共数据管理办法 江西省"十四五"新型基础设施建设规划 以新业态新模式引领新型消费加快发展的实施意见 构建包容环境深入推进数字经济做优做强的若干措施 江西省工业互联网强体提能行动计划 江西省 5G 应用"扬帆"行动计划 推进数字经济做优做强"一号发展工程"实施方案 江西省"十四五"电子信息产业高质量发展规划 江西省大数据企业示范工作管理办法（试行） 江西省"十四五"区块链高质量发展规划 江西省"十四五"信息安全产业发展规划
15	山东	山东省"十四五"数字强省建设规划 山东省服务业数字化转型行动方案（2021—2023 年） 关于促进山东省网络安全产业发展的指导意见
16	河南	河南省"十四五"数字经济和信息化发展规划 河南省"十四五"战略性新兴产业和未来产业发展规划 河南省推进新型基础设施建设行动计划（2021—2023 年） 河南省煤矿智能化建设三年行动方案（2021—2023 年） 河南省"企业上云上平台"提升行动计划（2021—2023 年）
17	湖北	湖北省数字经济发展"十四五"规划 湖北省新型基础设施建设"十四五"规划 湖北省 5G+ 工业互联网融合发展行动计划（2021—2023 年）
18	湖南	湖南省"十四五"战略性新兴产业发展规划 湖南省工业互联网"十四五"发展规划 湖南省软件产业振兴计划（2021—2025 年） 湖南省专精特新"小巨人"企业培育计划（2021—2025） 湖南省中小企业"两上三化"三年行动计划（2021—2023 年） 湖南省"十四五"数字政府建设实施方案

序号	地方	文件
18	湖南	关于以数字化推进制造业质量管理创新的实施方案
		湖南省促进智慧广电发展实施方案
19	广东	关于以新业态新模式引领新型消费加快发展的实施意见
		广东省数字政府改革建设"十四五"规划
		广东省数据要素市场化配置改革行动方案
		广东省制造业数字化转型实施方案（2021—2025 年）
		广东省首席数据官制度试点工作方案
		广东省人民政府关于加快数字化发展的意见
		广东省智能制造生态合作伙伴行动计划（2022 年）
		广东省工业互联网示范区建设实施方案
		广东省 5G 基站和数据中心总体布局规划（2021—2025 年）
		广东省数字经济促进条例
		广东省公共数据管理办法
20	广西	关于建立健全政务数据共享协调机制加快推进数据有序共享的实施意见
		广西面向东盟的"数字丝绸之路"发展规划（2021—2025 年）
		广西工业和信息化高质量发展"十四五"规划
		广西战略性新兴产业发展"十四五"规划
		广西加快工业互联网发展推动制造业数字化转型升级行动方案
		广西壮族自治区中小企业"专精特新"培育提升行动计划
21	海南	海南省高新技术产业"十四五"发展规划
		海南省信息基础设施建设"十四五"规划
		海南省加快工业互联网创新发展三年行动计划（2021—2023 年）
22	重庆	重庆市数据治理"十四五"规划（2021—2025 年）
		重庆市软件产业高质量发展"十四五"规划
		重庆市工业互联网创新发展行动计划（2021—2023 年）
		重庆市 5G 应用"扬帆"行动计划（2021—2023 年）
		重庆市推动机器人产业高质量发展工作方案（2021—2025 年）
		重庆市智能终端产业高质量发展行动计划（2021—2025 年）
		重庆市信息安全产业高质量发展行动计划（2021—2025 年）

序号	地方	文件
23	四川	四川省"十四五"新型基础设施建设规划
		数字化转型促进中心建设实施方案
		四川省加快发展工业互联网推动制造业数字化转型行动计划（2021—2023年）
		关于加快推动5G发展的实施意见
24	贵州	贵州省"十四五"数字经济发展规划
		支持工业领域数字化转型的若干政策措施
		贵州省中小企业"专精特新"培育实施方案
		贵州省先进装备制造业"十四五"发展规划
		贵州省"十四五"电子信息制造业发展规划
		贵州省"十四五"数字经济人才发展规划
		四川省"十四五"数字政府建设规划
		贵州省"十四五"新型基础设施建设规划
25	云南	云南省"十四五"信息产业发展规划
		云南省工业互联网"十四五"发展专项规划
		云南省先进装备制造业发展规划（2021—2025年）
		云南省"十四五"大数据中心发展规划
26	西藏	西藏自治区"十四五"信息通信业发展规划
27	陕西	陕西省数字政府建设"十四五"规划
		网上中介服务超市管理办法
28	甘肃	甘肃省"十四五"工业互联网发展规划
		甘肃省数字政府建设总体规划（2021—2025）
		甘肃省"十四五"数字经济创新发展规划
		甘肃省关于推动5G建设专项实施方案
29	青海	2022年青海省促进数字经济发展工作要点
		青海省"十四五"工业和信息化发展规划
		关于促进互联网平台经济规范健康发展的若干措施
		关于新时期促进集成电路产业和软件产业高质量发展的若干意见

序号	地方	文件
30	宁夏	关于促进大数据产业发展应用的实施意见
		宁夏回族自治区信息通信业发展"十四五"规划
		宁夏回族自治区数字经济发展"十四五"规划
		宁夏回族自治区信息化建设"十四五"规划
		宁夏建设全国"数字供销"示范区实施方案（2021 年—2025 年）
31	新疆	新疆维吾尔自治区 5G 通信基础设施专项规划（2021—2025 年）

责任编辑:刘敬文

责任校对:白　玥

图书在版编目(CIP)数据

与党员干部谈数字经济:数字经济 36 问 36 答/曹立,刘西友编
　著. —北京:人民出版社,2023.1
ISBN 978－7－01－025001－4

Ⅰ.①与…　Ⅱ.①曹… ②刘… 　Ⅲ.①信息经济-中国-干部
教育-问题解答 　Ⅳ.①F492-44

中国版本图书馆 CIP 数据核字(2022)第 152277 号

与党员干部谈数字经济

YU DANGYUAN GANBU TAN SHUZI JINGJI

——数字经济 36 问 36 答

曹　立　刘西友　编著

人 民 出 版 社 出版发行

(100706　北京市东城区隆福寺街 99 号)

中煤(北京)印务有限公司印刷　新华书店经销

2023 年 1 月第 1 版　2023 年 1 月北京第 1 次印刷
开本:880 毫米×1230 毫米 1/32　印张:6.75

字数:130 千字

ISBN 978－7－01－025001－4　定价:38.00 元

邮购地址 100706　北京市东城区隆福寺街 99 号
人民东方图书销售中心　电话 (010)65250042　65289539